ROSA Mª CRUZ NEILA
GLORIA Mª TOMÁS Y GARRIDO

NEW AGE, SU FUERZA TRANSFORMADORA EN EL SIGLO XXI

Segunda edición

EDICIONES UNIVERSIDAD DE NAVARRA, S.A.
PAMPLONA

Serie: Ciencias Sociales

Cupón para la Biblioteca Virtual

Accede a la versión eBook de este título por solo **1,99 €**. Con la compra de este libro puedes utilizar el siguiente cupón para la lectura en *streaming** desde la Biblioteca Virtual. **Sigue estas instrucciones** para visualizar tu libro:

1. Dirígete a la web de la Biblioteca Virtual en **https://ebooks.eunsa.es**.

2. En la web ve a **Iniciar sesión** e introduce tu email y contraseña. Si no estás registrado, deberás completar el proceso en **Registrarse**.

3. Tras registrarte, accede a la página del libro o lee el QR de esta página. Bajo el precio podrás **insertar el código oculto en el siguiente cupón** para activar la promoción.

Despegue para visualizar

Acceso directo al eBook

Canjéalo en ebooks.eunsa.es

*Con acceso a internet desde cualquier navegador.

© 2025. Rosa Mª Cruz Neila y Gloria Mª Tomás y Garrido
Ediciones Universidad de Navarra, S.A. (EUNSA)
Campus Universitario • Universidad de Navarra • 31009 Pamplona • España
+34 948 25 68 50 • www.eunsa.es • eunsa@eunsa.es

ISBN: 978-84-313-4059-9
DL NA 1664-2025

Primera edición 2019

Segunda edición 2025

Ilustración cubierta: Rosa Mª Cruz

Imprime Podiprint

Printed in Spain – Impreso en España

A mi esposo y a mis siete hijos
(Rosa)

A mis alumnos de todos los tiempos
(Gloria)

Siempre doy gracias a mi Dios por vosotros, por la gracia de Dios que os fue dada en Cristo Jesús, porque en todo fuisteis enriquecidos en Él, en toda palabra y en todo conocimiento. 1Cor 1 (4-5)

Aunamos aquí la ayuda que, directa o indirectamente, nos han prestado tantas personas cercanas para la realización de esta investigación, y de las que seguimos esperando su estímulo en nuestro trabajo.

Índice

Prólogo a la segunda edición

Agotada la primera edición de este libro, y también por sugerencia de la Editorial, procedimos a su revisión y actualización.

Aunque constatamos que la primera edición cumple con los objetivos de este estudio, dada la fuerza con la que se va imponiendo la Agenda 2030, herramienta eficaz de la N.E., nos ha parecido oportuno introducir un breve resumen de su contenido. Para ello nos hemos apoyado en la amplia información que se da en las redes y, a su vez, hemos ido juzgando desde el punto de vista bioético los supuestos en los que persiste la Agenda 2030 logrando identificar las principales consecuencias que su aplicación empieza a producir.

Albergamos la esperanza de que estas páginas sean de utilidad para que el lector continúe construyendo su propia mirada sobre la realidad, con un espíritu crítico del que solo la inteligencia humana es capaz, y contribuyan a preservar y dar buen uso al don transcendental de la libertad personal venciendo al mal a fuerza de bien.

Las autoras

Abreviaturas

B.P.: Bioética Personalista

BC: *Bohemian Club* (Club de los bohemios)

BG o *Bilderberggroup*: Club de Bilderberg

CFR: *Council of Foreign Relations* (rama del RIIA en EE.UU., Consejo para las relaciones exteriores)

CLIPSAS: *Centre de Liaison et d'Information des Puissances maçonniques Signataries de l'Appel de Strasbourg* (Centro de Comunicación e Información de las Obediencias Masónicas Firmantes del Tratado de Estrasburgo)

CT: Comisión Trilateral

EGADU: *El Gran Arquitecto del Universo* (divinidad impersonal de la Masonería)

FMI: Fondo Monetario Internacional

IPPF: *International Planned Parenthood Federation* (Federación Internacional de Planificación Familiar)

IRC: *International Rotary Club* (Club Internacional de los Rotarios)

N.E.: Nueva Era

OMC: Organización Mundial del Comercio

ONU: Organización de las Naciones Unidas

RIES: Red Iberoamericana de estudio de las sectas

RIIA: *Royal Institute of International Affairs* (Real Instituto de Asuntos Internacionales)

RT: *Round Table* (Mesa Redonda)

SAB: *Skull and Bones Order* (Orden de la Calavera y los Huesos)
SS: *Schutzstaffel* (Cuerpos de combate de élite en la Alemania Nazi)
TRHA: Técnicas de Reproducción Humana Asistida
UNEF: *United Nations Emergency Forces* (Fuerza de Emergencia de las Naciones Unidas)
UNESCO: Organización de las Naciones Unidas para la Educación, la Ciencia y la Cultura
WWF: *World Wildlife Fundation* (Organización Mundial de conservación de la Naturaleza)

Introducción

La presencia de la corriente de la Nueva Era o New Age (en adelante N.E.) en el pensamiento bioético de las sociedades occidentales ha despertado en nosotros un interés profundo por investigar su alcance y su influencia en la transformación paulatina de la sociedad a lo largo de las últimas décadas, que conlleva de un modo alarmante y generalizado un arrinconamiento de la tradición judeocristiana

Nos parece que el asentamiento de los criterios y actitudes que postula la N.E. en la sociedad no es sólo fruto de circunstancias aleatorias, de ahí nuestro interés en saber sintetizar el *corpus* de esta ideología y en mostrar sus implicaciones y consecuencias en el campo bioético.

Para ello, hemos estudiado la identidad de la N.E., su contexto histórico y pilares ideológicos. A continuación, analizamos aquellas posturas que condicionan las cuestiones bioéticas y sus repercusiones. Las comparamos con la Bioética Personalista en diez ámbitos: vida humana, persona, dignidad, libertad, el problema del bien-mal y el sufrimiento, sexualidad-corporalidad, familia, educación, orientación sanitaria psicosomática y trascendencia. Concluimos con una crítica de la nueva sociedad reconociendo sus consecuencias, contradicciones, aspectos valorables y propuestas de acción.

Deseamos que este trabajo facilite posibles vías para nuevas investigaciones en este campo tan necesario para el desarrollo integral de la persona y su entorno.

Consideramos que el tema de este estudio ofrece un alto interés tanto por su repercusión en el ámbito personal como por su participación en la vida social y cultural, que es decisiva en tanto en cuanto la concepción de la vida humana y la ética a ella referida se construye y se divulga en todos los medios de transmisión de opinión y pensamiento, al igual que en las legislaciones de los países, las cuales terminan condicionando la vida individual y comunitaria hacia connotaciones de toda índole. Dicho de otro modo, la concepción de la Bioética que adoptan las sociedades se recoge en sus leyes y costumbres y retroalimenta, a su vez, los comportamientos a regular, por lo que no siempre lo legal y lo ético defenderán los mismos intereses ni se asentarán en los mismos fundamentos.

Nos mueve, además, un enorme interés por comprender los nuevos fenómenos religiosos y las nuevas búsquedas de respuesta a los interrogantes existenciales en el neopaganismo y las prácticas religiosas primitivas. Nuestra actividad profesional implica un contacto cotidiano con niños, adolescentes y jóvenes que nos permite escuchar y comprender con un profundo respeto sus dudas, preguntas, luchas, sueños y esperanzas. Al mismo tiempo, comprobamos cómo están expuestos a multitud de influencias externas y condicionantes familiares y cómo, en su mayoría, carecen de fundamentos éticos sólidos que les proporcionen criterios para afrontar sus desafíos y dilemas personales. Es el interés por las causas de su sufrimiento y la posibilidad de ofrecerles respuestas de esperanza la motivación personal que incita este estudio.

Podemos añadir a la justificación dada que su repercusión transversal y multidisciplinar incrementa su interés, atañendo a la investigación científica, la psicología, la educación, la ecología, la política, la legislación, la expresión artística, las creencias religiosas, la comprensión de la historia, la filosofía, la literatura y el entramado socioeconómico internacional.

Invitamos al lector que tiene estas páginas en sus manos a adentrarse en ellas con la inteligencia y la mente abiertas a una búsqueda sincera de la verdad, a entablar un diálogo consigo mismo y a profundizar más allá de esta obra hasta que sus ansias queden saciadas en el encuentro con el sentido trascendente de la vida.

NATURALEZA E IDENTIDAD DE LA NEW AGE

Las ideas y prácticas que conforman la N.E. son difíciles de inventariar, de ahí que se haya afirmado que no tiene identidad definida sino muchas fachadas variables y confusas. No constituye un movimiento estructurado, sino que se presenta como una serie de posturas ideológicas, actitudes vitales, creencias y prácticas aparentemente aisladas e inconexas, simplemente como una corriente abierta y extensa. Por otra parte, tiene una capacidad de mutación realmente asombrosa. La N.E. no es una secta, ni una iglesia, ni una religión. Esta aparente falta de coherencia se mantiene, en realidad, unida por un hilo conductor: el Nuevo Orden Mundial, que conforma las organizaciones a ella adscritas, consciente o inconscientemente. Por todo ello, es posible definir la N.E. como una reactivación de la gnosis que nos ha introducido súbitamente en un mundo diferente, especialmente en el ámbito religioso. La pertenencia a la misma no implica condiciones de raza, nacimiento u origen, condición social o económica, intelectual o generacional.

A. Principales antecedentes (Desde la Gnosis y la Masonería a la Gran Invocación)

La Gnosis

La N.E. cobra forma en la década de los años 60, en pleno siglo XX, sus orígenes se comprenden como remotos y próximos en el tiempo. Los primeros se anclan en la fenomenología antigua del panteísmo, el politeísmo, el animismo y toda clase de pseudo-religiosidades basadas en el esoterismo, la magia, la adivinación, la superstición y la idolatría. Sus raíces se remontan al mismo paganismo, orientalismo filosófico, ocultismo ancestral y Masonería, ligado todo ello a los inicios del cristianismo. Hemos de regresar a los libros Védicos, al budismo Zen, a los cultos de Isis, al mazdeísmo y al gnosticismo para descubrir el sincretismo pagano que enciende la tea de la N.E.

A partir del Coloquio de Mesina, en 1966, nos es posible comprender la gnosis como el conocimiento de los misterios divinos reservado a una élite. Sus características principales se aprecian en las respuestas actuales mayoritariamente aceptadas ante cuestiones bioéticas.

En primer lugar, la gnosis ofrece una visión negativa del mundo material. El cosmos es violento y negativo con el ser humano, ya sea por la maldad del creador (cosmogonía cabalística), ya sea por la pérdida de control de éste frente a su creación (teología de Marción). El alma humana es como una especie de partícula de luz atrapada en la materia carcelaria cuando se encarna, lo cual produce innumerables sufrimientos por todo lo cual, el ser humano debe actuar para devolver la armonía al cosmos. Consecuentemente, no existe el pecado como tendencia innata de poder absoluto, sino que es el mundo material el que lo aprisiona y cualquier salvación semejante a la redención de Jesús es humillante. Pero

como el espíritu y la razón humanas regresan innegociablemente
a la conciencia de su incapacidad para autoredimirse, el hombre
se apodera del conocimiento gnóstico reservado a unos pocos de
la mano de un ser iluminado y consciente que lo canaliza para
todos los iniciados. Surgen así seres angélicos, maestros ascendidos
y ancestrales, profetas, en la urgencia de la inmediatez del final de
los tiempos, y los arcanos de la gnosis serán comprendidos sólo
por una élite de iniciados en una religión mistérica que practica la
clandestinidad y el ocultismo, perteneciente a una familia superior
depositaria del destino del mundo.

En segundo lugar, su hedonismo favorece la exclusión de la
unidad de criterios, con lo cual el esfuerzo y la inclinación al
cambio personal son encadenamientos y no vías de liberación de
la materia, siendo la gnosis paralizadora de cualquier proceso de
cambio histórico.

En tercer lugar, afianza la ley del *karma* y la reencarnación que
ahuyentan la empatía por el sufrimiento ajeno y excluyen la solidaridad y la caridad, como apreciamos en el hecho de la injusticia
social tolerada y aceptada, bajo una falsa apariencia de serenidad
y armonía, correspondiente al hinduismo y su derivación budista.
Escapar del mundo presente es su objetivo, pareciendo que el individualismo actual de nuestra sociedad occidental debe bastante
a estos antiguos planteamientos.

La N.E. reaviva y actualiza la utilización gnóstica de la figura de Jesús de Nazaret, transformando su identidad redentora en
mera iluminación mistérica y convirtiéndolo en un simple profeta
ascendido. De este modo, el neo-gnosticismo moderno promueve
una ética mundial asentada en la creencia en la reencarnación, el
esoterismo, la astrología, la potenciación de la sexualidad como
medio de disolución del yo o magia sexual, la difuminación del
límite entre el bien y el mal y la consecuente ausencia de respon-

sabilidad personal, la predestinación y la identificación de Samael
Aun Weor como el Buda viviente de la Era de Acuario.

La Masonería

Una segunda aproximación a los orígenes de la N.E., tempo-
ralmente más cercanos, nos adentra en la aparición y desarrollo de
la Masonería. Si se atiende a los escritos de Santiago Río, asesor del
Gran Maestro de la Gran Logia de España, nadie conoce la verdadera historia de los masones, llena de especulaciones, y se identifica, en fondo y forma, como una iniciación espiritual por medio de símbolos. Asimismo, defiende las coincidencias esenciales
entre la Masonería tradicional y lo que da por llamar esoterismo
cristiano. Sin embargo, se hace palpable que son antinómicos en
cuanto a que el esoterismo busca un supuesto dominio y control
de las fuerzas ocultas pretendidos por la magia, la adivinación y la
superstición, mientras la fe cristiana se orienta hacia una relación
de confianza y adoración a Dios.

La comprensión de la naturaleza de la Masonería se observa
en el origen remoto, real y cierto de la aparición de gremios de
constructores y albañiles en el s. XIII (en francés, *maçons*) que
pretenden emanciparse de la tutela de los frailes benedictinos en
la construcción de edificios religiosos. Para conservar los secretos
y las técnicas del gótico instituyeron tres grados: aprendiz, compañero y maestro e implantaron ceremonias de iniciación y de
fidelidad, guardando celosamente sus conocimientos y recursos,
de manera que de ellos debieran necesariamente depender los
promotores y mecenas de las catedrales, iglesias y monasterios.
Esto, además, le garantizaba un medio de vida a varias generaciones hospedadas en las posadas de los pueblos. Pronto, la
experiencia constructiva gótica da paso entre las fraternidades,
que se reúnen en logias (chozas), a una búsqueda del sentido de

la vida de un aspecto y corte iniciático que comienza a dar visos de sociedad secreta y elitista situada por encima de dogmas, religiones, normas y convenciones. Por iniciación hay que entender un paso introductorio de un hombre que desea cambiar su modo de conocer, de actuar, de ser, mediante un rito que le vincula y compromete.

En la obra de Herbert Ore Belsuzarri, Gran hermano de la Logia Constitucional del Perú, se ofrece abundante información sobre las teorías genéticas que los propios masones difunden, desde sus raíces sumerias, determinados aspectos iniciáticos de los denominados «hijos de la luz» del antiguo Egipto y el origen extraterrestre de los Annunaki, deidades, casados con mujeres humanas, responsables de las construcciones piramidales que captan y difunden la *Energía Universal*. Subraya también su intervención en la construcción del Templo de Salomón y la influencia que ejercen sobre los griegos, hasta alcanzar los colegios de artífices cuya organización y funcionamiento es similar a las logias actuales. Con la caída del Imperio romano cobran fama los *magistri comacini* y muchos constructores y artistas se refugian en monasterios benedictinos, cluniacenses y cistercienses en la Edad Media.

Con la disminución de las construcciones catedralicias, al finalizar las cruzadas, a mediados del s. XIV, los gremios masones decaen y, en Inglaterra, un grupo de científicos de la Royal Society, institución dedicada a la investigación, se propone ofertar al occidental una institución en la que, independientemente de las religiones, nuestra especie humana pudiera desarrollarse mediante la adquisición de la gnosis, ritos iniciáticos y esotéricos. Desde entonces comienza un largo camino de transformación de la Masonería operativa hacia la especulativa, en el que transita por diversas fracturas e hitos, de los cuales, muchos se vinculan de manera significativa con la N.E.:

– La redacción de la primera ley masónica (La Constitución de York) a principios del s. XIV de la mano de los aprendices ingleses.

– El nacimiento de hermanos patronos, personas ricas e influyentes.

– El nacimiento de la Masonería moderna en 1717.

– La redacción de la primera constitución moderna en 1723, *The Constitutions of the free-masons* por parte del pastor presbiteriano inglés James Anderson y su descripción de los «deberes» en los que se establece como pilar fundamental la creencia en el Gran Arquitecto del Universo en relación con los Antiguos Límites o *Ancient Landmarks*.

– La aparición de la Masonería esotérico-ocultista en 1754.

– La orientación filosófica materialista y atea que adopta, hacia 1860, el Gran Oriente de Francia.

– La supresión de sus constituciones de la fórmula del «Gran Arquitecto del Universo», en 1877 y la inauguración de la llamada Masonería irregular o liberal.

– La potenciación de la conspiración masónica en Europa a través de la conquista napoleónica.

– La apertura iniciática al sector esclavista que viene de sus tradiciones animistas y esotéricas con la inclusión de Prince Hall, primer negro masón.

– La acogida de las corrientes del enciclopedismo del siglo XVII, del racionalismo y del liberalismo.

– El enriquecimiento de los rituales con la Alquimia, la Cábala, el llamado neotemplarismo, la Teosofía y la recuperación de la moda por lo egipcio.

En cuanto a sus adeptos, el mayor número de masones se encuentra, actualmente, en Estados Unidos de América. En España la Masonería adquirió peculiaridades propias: carácter conspirador, extrema politización e implicación en muchos sucesos revolucionarios del siglo XIX, reducto de los militares liberales y anticlericalismo extremo. Llegan al poder en el llamado Trienio Constitucional (1820–1823) y, a raíz de la proclamación de la Segunda República (1923-1930), logran su máxima expresión política. Es prohibida, por última vez, con la consolidación del régimen surgido de la guerra civil, hasta su legalización a finales de los años 70. Actualmente retoma algunas constantes históricas: la fragmentación y su escaso número en comparación al de otros países y su incursión en el poder político.

Existen, por otra parte, múltiples asociaciones de carácter sectario y de contenido ocultista, en el límite de la Masonería tales como el KKK (*Ku-Klus-Klan*) en las logias sureñas y la doble pertenencia de sus miembros a ambas sociedades, así como la identidad masónica de uno de sus fundadores. Otro caso afín es el Club de los Leones o los Rotarios (*International Rotary Club*), de finalidad filantrópica y humanitaria, por definición apolítico y aconfesional sobre el cual, a pesar de la polémica en torno a su identidad, se desvela que: aproximadamente el cincuenta por ciento de sus integrantes pertenece a una logia y guarda fielmente las directrices masónicas en coincidencias doctrinales (laicidad, relativismo sociocultural e historicista, moral adogmática y naturalismo absoluto); se invita en ambos espacios a silenciar la persona de Jesucristo, considerada como un obstáculo para la unión de naciones; los masones llaman *hermanos menores* a los rotarios; consta la condición masónica de su fundador, Paul Harris. Sin embargo, la diferencia esencial es la ausencia de secreto.

Es importante, por su presencia en la N.E., el concepto de Rito en mayúscula, en cuanto al sistema de textos y normas conforme a los cuales se comunica la luz masónica y se codifica el modo de vida. Los ritos, en cambio, se refieren simplemente a las acciones simbólicas de las ceremonias de iniciación, instalación o consagración. Además, la expresión de 'libre' es utilizada en una doble referencia: haber nacido libre -no esclavo- no de raza negra y la conquista gnóstica de la propia libertad que será identificada en la N.E. con la iluminación cósmica.

En el fundamento masónico de la N.E. hemos de detenernos en ciertos acontecimientos cruciales. El 1 de mayo de 1776 en Suiza se funda la orden de los Rosacruz, de mano de los Illuminati. Buscan el *Novus Ordo Saeculorum o* Nuevo Orden de los Siglos (Nuevo Orden Mundial), cuya intención es establecer un orden en rebeldía con Dios y la iglesia, fundando y animando a la creación de iglesias y cultos satánicos tales como el Templo de Set y The Golden Dawn.

En 1844, Nubius, jefe de los Carbonari (secta italiana) describe así el *Master Plan*: «para lograr el triunfo de la revolución por un papa no es de un día ni de un siglo. Hay que formar una generación de sacerdotes que marchen bajo nuestro estandarte y luego prediquen las doctrinas masónicas, así harán creer que el cristianismo es una doctrina esencialmente democrática» (*L'Eglise Romaine et la Revolution, ed. cerde de la renaissance francaise, 1976*). La masonería ha manifestado en diferentes momentos de la historia que su fin principal es destruir la civilización cristiana empezando por la Iglesia católica para seguir después con otras confesiones.

Es en 1875 cuando se sientan las bases de la «Sociedad Teosófica» en Nueva York, fundada por Helena Blavatsky, rusa, espiritista que afirmaba haber recibido sus enseñanzas de «maestros ascendidos o seres espirituales especiales» durante su estancia en el Tíbet, entre 1851 y 1858, procedentes de «La Gran Fraternidad Blanca». Sostiene que, en la India, mantiene comunicación directa con un maestro cósmico, quien le indica la estrategia para implantar ese Nuevo Orden Mundial que redimirá a la humanidad.

Su mano derecha en esta fundación fue el coronel Olcott, norteamericano, cuya intención de acuerdo con sus palabras era «borrar el cristianismo de la tierra y expulsar a dios de los cielos». Dos libros de Blavatsky empuñan el filo de la apertura a esta empresa y la representan mejor que nada: «Isis sin velo» y «La Doctrina Secreta». Actualmente su sede principal está en Madrás, India, y cuenta con otros centros en más de 70 países.

Helena decide mantener el plan en secreto durante los 100 primeros años. A ella le sucede Annie Besant, burguesa inglesa, feminista militante en el grupo de los socialistas de Sheffield. Intenta promocionar a un hindú como nuevo mesías, Krishnamurti, que rechaza serlo. Sin embargo, en 1920, hace su aparición Alice Bailey, espiritista, inglesa afincada en EE.UU., a la que consideran suma sacerdotisa de la Sociedad Teosófica. Este reconocimiento le confiere autoridad para refundar dicha sociedad denominándola el *Trust de Lucifer,* una compañía publicitaria llamada *Confianza en Lucifer* o *Lucius Fer Trust* hoy llamado *Lucius Trust.* Alice Bailey es médium espiritista y dice recibir mensajes de un maestro tibetano ya fallecido. Según fuentes teosóficas, sus escritos son dictados de Satanás mediante escritura automática. El conjunto de esos escritos es el llamado Plan de la N.E. Es Alice Bailey quien acuña la denominación de Nueva Era, escribe el libro «El retorno de Cristo» y funda la Escuela Arcana para desarrollar el esoterismo y la parapsicología.

Disponemos de datos que confirman la relación entre líderes de la N.E. y la Masonería. Algunos son, por ejemplo, que Helena Blavatsky ingresa en el grupo de Allan Kardek, masón y codificador del espiritismo, que masones destacados integran la propia Sociedad Teosófica en EE.UU y que ésta y la Masonería comparten sus fines primordiales. Además, el boletín mundial de los hermanos masones se llama «Nueva Era». Uno de los nexos unificadores del sincretismo religioso que utiliza la N.E. es exactamente la teoría del origen masónico como génesis remota que liga a patriarcas y autoridades religiosas de las grandes religiones y creencias, que proporciona una tranquila ausencia de búsqueda de verdad, en la que todo es lo mismo y dios es una conexión energética que lo impregna todo de forma impersonal. Así, se nos sugiere que la Masonería se asienta como sustrato permanente en la historia, duradero, continuo y de continuidad, articulado sin duda por el pensamiento gnóstico.

Escuela de Frankfurt

En la configuración del pensamiento de la N.E. a través de la historia, es necesario detenerse en la aportación de la Escuela de Frankfurt. Creada en los años 1923 y 1924, vinculada a la universidad de dicha ciudad, financiada por el comerciante Herman Weil, de la mano de pensadores como su hijo Felix Weil, Friedrich Pollock, Kurt, Albert Gerlach y Max Horkheimer, inicialmente su objetivo es realizar un estudio del marxismo en cuanto a una posible actualización de los conceptos y problemáticas en la aplicación práctica de dicha ideología. El pensamiento de los integrantes de esta Escuela transita por una experiencia vital de la traición de las bases europeas y del movimiento obrero que representa el triunfo del Nacional Socialismo. A pesar del suicidio de Benjamin, y del exilio de Horkheimer y Adorno en EE.UU., la escuela sobrevive y se dedica al estudio de la razón instrumental y el positivismo como máscaras que habrían encubierto la barbarie del genocidio nazi. Por ello, se inclinan hacia el estudio de qué fenómenos psicológicos y sociales podrían ser responsables de la formación de personalidades autoritarias y líderes. Tras su extensión a EE.UU. con la marcha de Marcuse, Neumann, Kirchheimer y Löwenthal, en Alemania se refunda la escuela de la mano de Adorno, Jürgen Habermas y Oskar Negt, a partir de las revueltas sociales de las décadas de los años 50-60.

En este punto, la teoría crítica se opone a la separación entre sujeto y realidad y se produce una polarización histórica del marxismo europeo en dos direcciones: una corriente fría, doctrinaria, economicista y calculadora cuya intencionalidad es la transformación del entorno social con Negt; y una corriente cálida interesada por la subjetividad política y la realidad social, liderada por Habermas, que busca cultivar la neutralidad académica apartándose de las acciones colectivas y los debates que agitan a la juventud y a los asalariados, como las revoluciones europeas de 1848, la Comuna parisina de 1971, el antifascismo español de la República de 1936 y las revueltas estudiantiles de Mayo de 1968.

Si se tiende una mirada somera sobre el panorama político y social europeo actual, en la segunda década del s. XXI, se aprecia la aparición de nuevos partidos y movimientos populistas que promulgan la anulación de la propiedad privada, niegan toda bondad de los empresarios, y se esfuerzan por derogar el valor de las instituciones democráticas. Esta propuesta de pensamiento y de estructuración social deriva en actitudes de obediencia a bioéticas utilitaristas que aprecian la vida humana en tanto en cuanto tenga evidente eficacia.

El legado de la Escuela de Frankfurt potencia poderosamente el rechazo del modelo judeo-cristiano europeo en favor del ensalzamiento de la nueva cultura de la barbarie, institucionalizada en mayor o menor medida. En cuanto a la sociedad norteamericana, sus representantes entroncarán con la Fundación Rockefeller, donde surgirán diferencias importantes entre teoría crítica y positivismo, que guiarán los debates y estudios sobre comunicación y sociedad a mediados del siglo XX.

Rudolf Steiner

En 1923, Rudolf Steiner realiza su aportación de base a la N.E. fundando la Antroposofía, que combina ocultismo, espiritismo y gnosticismo (1861-1925), condicionada por su admiración hacia

Goethe y Nietzsche, su vasta formación en matemáticas, física, botánica, zoología, química, literatura e historia, además de su doctorado en filosofía y su dedicación al ensayo.

Entre 1901 y 1902 se incorpora a la Sociedad Teosófica. Su obra «Teosofía, introducción al conocimiento suprasensible del mundo y del destino humano» muestra un profundo interés por el arte y la construcción arquitectónica y, durante la I Guerra Mundial, dirige en Dornach, cerca de Basilea, la erección de un edificio referente para la divulgación de la Teosofía y la Antroposofía, el *Goetheanum*. Su cuidada medición y elaboración simbólica de todos los diseños y trabajos remite especialmente al foco de interés de los hermanos masones, a las referencias de la rama esotérica a los constructores del Templo de Jerusalén, y es precursor del Monte Veritas.

La influencia de Steiner en el siglo XX en la antropología europea se debe a la inclusión de la Antroposofía a través de la teoría educativa Waldorf, la Euritmia, la agricultura biodinámica, la medicina antroposófica y la transformación social. Por otra parte, ejerce una función amplificadora de teorías orientales como la reencarnación y la ley del *karma*. Las continuas referencias al pueblo del Antiguo Testamento como privilegiado en su capacidad de abstracción del mundo espiritual mediante el reconocimiento de la respiración, puente que permite el salto de la vida embrionaria a la terrena; la proclamación de Cristo como aglutinador profético de todas las etapas de una supuesta cosmogonía reveladora y el adentramiento en un diálogo con las jerarquías espirituales que dirigen el proceso evolutivo del hombre son algunas de sus aportaciones básicas.

Existen manifestaciones críticas en contra de la Antroposofía. Según esto y, de acuerdo con RIES (Red Iberoamericana de Estudio de las Sectas) el carácter ocultista y fantástico de la teoría de Steiner se halla patente en los colegios Waldorf, carentes de método y pedagogía científicos, rigor académico y formativo del profesorado por la inculcación de una perspectiva esotérica de la realidad, y por el adoctrinamiento pseudorreligioso de unos hijos expuestos a una crisis de identidad y de realidad, cuyos padres confían en dicha educación por su pretendido carácter laicista. Se puede constatar que se está produciendo un intenso debate en el seno de la propia Antroposofía contemporánea.

Monte Veritas y Movimiento Hippy

Entre los orígenes próximos de la N.E. cabe observar un entorno muy preciso y favorable para su extensión y arraigo. Se trata del Monte Veritas, en Ascona, Suiza. En 1900, un grupo de europeos cultos inaugura allí una comunidad con la finalidad de proponer una vida alternativa entre los sistemas políticos del bloque comunista emergente del Este, y el poder capitalista del Oeste. En su matriz se encuentra la influencia de personalidades como Alfredo Pioda, teósofo suizo, Herman Hesse, el nobel psicoanalista, la pianista Ida Hoffman, Otto Gross y su teoría de la liberación del hombre del autoritarismo, Olga Foebe-Kapteyn, fundadora de un movimiento espiritual mitológico y oriental, Sigmund Freud, Carl Gustav Jung, D. H. Lawrence, Franz Kafka y Franz Werfel. Se inauguró una escuela de arte con manifestaciones como la danza de Isadora Duncan que regresaba a la griega y etrusca para liberarse de los convencionalismos del ballet.

Las principales iniciativas de la comunidad de Ascona que se insertan en la N.E. pueden concretarse en las siguientes prácticas: nudismo, naturalismo, ritos mitológicos, vegetarianismo, drogadicción como instrumento para alcanzar el conocimiento oculto y paranormal, promiscuidad y orgías sexuales como medio de liberación de la mujer de la posesión masculina, eutanasia y asistencia al suicidio, el placer como principal criterio de discernimiento y elección, culto solar, cristificación del ser humano como autosalvador, denostación de toda religión monoteísta, ecologismo profundo y teórica organización libre de una comunidad fuera de toda convención. El fenómeno comunitario del Monte Veritas es precursor del movimiento hippy de los años 60, gracias a la veneración que rinden en EE.UU. a intelectuales y artistas de su filosofía, como Kafka y Hesse. En 1935 se convierte Ascona en sede de conferencias de Carl Jüng con el objetivo de popularizar el gnosticismo.

Gnosticismo nazi

La filosofía de Ascona constituye la idea de la *Life-reform* curiosamente extendida sobre posiciones políticas distantes, el Nazismo y la no violencia. En 1906, Bill Pester transmite el espíritu de la N.E. de Ascona y Alemania a Norteamérica. Asimismo, la escuela de arte del monte Veritas con Mary Wigman y Rudolf von Laban se erige en cuna de construcción artística del mito nacionalsocialista en torno a los conceptos germanos de raza, naturaleza y nación al mismo tiempo que enlaza con la vida hippy arraigada en la *Madre Tierra* y su ecologismo profundo, según se recibe de las obras «Danser avec le IIIème Reich» y «Hitler's dancers: German modern dance and the III Reich» que explican que Laban, como director del Ballet de la Ópera del Estado, expulsa a todos los estudiantes no arios de la escuela en 1933, y a los judíos en 1938. Gran parte de lo que hoy se conoce como danza moderna y contemporánea viene de su mano, inspirador de danzas de culto referentes de la memoria racial de la audiencia, que conecta el Monte Veritas, el gnosticismo y el nazismo, ya que Rudolf se convierte en el oficial de baile de más alto rango en el III Reich.

Por la fundación de la Sociedad Teosófica se promociona a partir de 1900 el interés por el ocultismo, reencarnación, clarividencia etc., se nutren nuevas sectas y se reviven antiguas. Madame Blavatsky denomina *aryans* (arios) a aquellos que lograban desarrollar sus capacidades prontamente, y manifestaba actitudes antisemíticas justificadas en su superioridad espiritual debida a sus contactos con espíritus guías. Frente a Blavatsky, Steiner se distanció de la Sociedad Teosófica porque rechazaba el antisemitismo y se centró en buscar la espiritualidad a través del arte, siguiendo a Goethe. Sin embargo, la originalidad de la influencia de la Antroposofía de Steiner en el monte Veritas, Viena, Munich y Dresden consiste en una aproximación a la sanación durante la danza por fuerzas esotéricas y misticismos orientales, significados ocultos y mágicos de colores y movimientos, «los nuevos auténticos bailarines eran verdaderamente creyentes, santificados por la magia y la religión proclamada por sus profesores y gurúes». En la obra «Conversaciones privadas con Hitler» se concreta este desprecio racial, la música de Wagner es enarbolada como emblema de la nueva raza suprema emergente y la justificación científica alude al darwinismo y la supervivencia del más fuerte en el ciclo vital.

Esta constatación de la relación existente entre Teosofía, Monte Veritas, y Nazismo hace factible la comprensión de la historia de la gnosis ocultista del III Reich. Lamentablemente, lejos de haber quedado en el recuerdo de la barbarie bélica y el genocidio ideológico, siguen presentes en numerosos ámbitos de la sociedad europea actual, de modo muy evidente a través de leyes pretendidamente garantes del uso de la libertad personal, como es el caso de leyes de eutanasia y aborto, por ejemplarizar someramente.

El avance imperialista a lo largo de Europa no responde exclusivamente a un afán económico y político, sino que el verdadero motor del Nacional Socialismo es la implantación de un Nuevo Orden Mundial dirigido por una raza superior de hombres arios que despiertan y reanudan el ocultismo latente en Europa, heredero del antiguo paganismo, así como la consideración que éste pone en práctica en el plano de la ética, todo lo cual queda confirmado con la aportación de diversos expertos, historiadores, antiguos miembros del III Reich, supervivientes al mismo, y el asesoramiento de historiadores como John Erickson, en los trabajos documentales «The occult history of the Third Reich» y de otras voces autorizadas en «Desiluminate: nazis, la conspiración del ocultismo».

Así pues, se puede emplazar la gestación de la ética del III Reich, en la Prusia del s. XIX, que comienza con la expulsión de los judíos del ejército y del funcionariado público. En palabras de Neville Chamberlain, «los judíos son una raza extraña y enemiga que quieren corromper la sangre aria para degenerarla física y moralmente y evitar el domino ario». Su propósito es transformar un mito en teoría científica probada. Así, un pasado de esplendorosos superhombres arios, perfectos, habitantes de la Atlántida, habrían perdido su dignidad al mezclarse y depravarse con simples humanos. Un grupo de sacerdotes puros habría huido por mar antes de un diluvio que los habría aniquilado. De este modo, se mantendría la esperanza inicial de salvaguardar una reserva genética de la pura y superior raza aria, creada por dios para poblar y dirigir Europa. Estos sacerdotes habrían alcanzado la India y, desde allí, se habrían instalado en el Tíbet. De ahí que las SS, dirigidas por Himler, buscaran en la década de los años 30, con todo tipo de mediciones de cráneos y realización de máscaras de los tibetanos, a los descendientes de los antepasados arios. Gracias a las numerosas grabaciones audiovisuales que los propios nazis realizaron no cabe duda de la firme creencia mítica del III Reich como motor de sus acciones contra la persona y su dignidad. Son destacables los principales artesanos de este pensamiento mítico: Hesse, astrólogo experimentado; Rossenberg, canciller de educación y filosofía, ocultista asiduo; y Goebbels, ministro de propaganda, que llegó a seguir fielmente un pronóstico astrológico diario para definir su estrategia bélica.

El caldo de cultivo para el triunfo de esta ideología mítica se halla en el descontento de la minoría alemana en Austria, bajo el control de funcionarios checos de la Prusia del s. XIX. En este sentido, Jorg Lanz Von Liebenfels, antiguo monje cisterciense renegado, funda su propia sociedad esotérica, *Ordo Novi Templi* (Orden de los Nuevos Templarios) en 1907 y crea la revista «Ostara», que se convierte en la fuente de la que bebe el credo nazi. Lanz está convencido de que los arios recuperarán la naturaleza divina perdida, destruida por los cristianos, regresando al culto de los dioses nórdicos y la pureza de la sangre. Las clases puras alemanas dirigentes deben ser alentadas a procrear; La poligamia materializada en un programa selectivo de procreación humana servirá para lograr la pureza de la sangre; Las clases bajas lo son de manera merecida, ya que su pobreza indica la inferioridad racial por la propia selección natural, por lo que habrán de ser eliminados o esterilizados; Los casamientos de alemanes con razas inferiores serán considerados infracciones graves y se les condenará a la muerte por inanición; Los judíos, enemigos de los arios, serán enviados como animales de carga a Madagascar, o bien, incinerados.

Las palabras de Lanz von Liebenfels, «ante el alboroto de los hombres, dioses liberados conquistarán el planeta entero, el fuego debería ser atizado hasta que las chispas de los cañones de los acorazados alemanes crearan el orden», se convertirán en el grito de guerra que será proclamada por Hitler el 1 de agosto de 1914, como inicio de una nueva era. Hitler ingresa en el llamado «partido de los trabajadores» nacido de la sociedad secreta *Thule*, como jefe de propaganda y lo rebautizará como «Partido Nacional Socialista de los Trabajadores». En el periódico de Thule se publican «Los protocolos de los sabios de Sión», 1902, bajo la Rusia zarista y por la justificación del antisemitismo y se proclama a Hitler como mesías alemán. Otros personajes como Wagner, uno de los inspiradores de la danza tribal del Monte Veritas, definen a los judíos como monos, no personas, e impulsa a Hitler en la búsqueda del Santo Grial (Parsifal). Junto con la justificación del derecho alemán a conquistar el espacio necesario, se define la Nueva Religión Nazi y el plan eugenésico. La propia revista «Eugenesia», irá anunciando la esterilización obligatoria, dictada por tribunales ordinarios, de 400.000 enfermos físicos y psíquicos con carácter hereditario (14 de julio de 1943).

Del mismo modo, la «Ley para la protección de la sangre y el honor alemán» es promovida por los ocultistas germanos. En palabras del Fürer: «Si en Alemania nacieran un millón de niños y tuviéramos que eliminar 700 u 800 millones por ser débiles, el resultado final seguiría siendo un aumento de fortaleza racial».

En el ocultismo gnóstico aplicado del nazismo, no se puede omitir la identidad y finalidad de las SS, compuestas por hombres de pura sangre y perfección física, ligados entre sí por ritos secretos, destinados a ser la reserva de la raza, autorizados y animados a tener relaciones con tantas mujeres arias como fuera posible, privilegiadas por ser elegidas como «damas de honor alemanas», cuyos cuerpos pertenecen a la nación, madres de los hijos de los superhombres, que pasarán a ser propiedad del estado desde su nacimiento.

En estas décadas se produce una anulación de la conciencia, personal y colectiva en cuanto a su responsabilidad ante el sufrimiento ajeno a través de la asunción del esoterismo, ocultismo y magia ritual. Se observa igualmente la creencia reencarnacionista y la ley kármica hindú que imbuye a Himler, quien se cree, a su vez, reencarnación del rey Hendrick del Medievo protegiendo a los arios de la invasión eslava. Los jóvenes de las SS son investidos como caballeros teutónicos e iniciados en un ritual secreto en el castillo de Bebelsberg, centro mágico que emula la mesa del rey Arturo.

Finalmente, al servicio de las SS se esconde Billy Good, que cree ser descendiente directo del dios Thor y que escribe «Los nueve mandamientos de Dios», en alemán y rúnico, que constituirá toda una simbología gráfica de las SS y su compromiso, según el discurso de Hitler: «No olvidéis nunca que somos una orden de caballería, de la que ninguno se puede retirar, que entramos en ella por derecho de sangre y a la que pertenecemos en cuerpo y alma». Y también: «Es fundamental para el pueblo alemán la decisión de admitir la fe judeocristiana con su ética piadosa y afeminada, o bien, la creencia fuerte y heroica en un dios de la naturaleza, dios en nuestro pueblo, nuestro destino y nuestra sangre».

Benjamin Creme y Maitreya

Precisamente bajo las alas del espíritu del movimiento hippy de 1955, apenas cuatro años después, Benjamín Creme comienza a ser conocido en los círculos de pensadores y promotores del sincretismo religioso de la N.E. Se acoge con entusiasmo el anuncio que Creme realiza acerca de un nuevo Cristo al que llama Maitreya. Según él, existiría una jerarquía celestial de «maestros espirituales ascendidos», *The Great White Brotherhood*, (La Gran Hermandad Blanca) entre los que se encuentran Jesús y otros maestros religiosos importantes como Buda, Zoroastro, Krishna... Opina que se trata de personas comunes que alcanzaron la iluminación y, por tanto, la conciencia cósmica universal, lo que les ha situado como hombres plenamente conscientes, que aparecen regularmente a través de la historia para ilustrar la vida de los seres humanos ciegos que no participan de esa luz. De este modo, su propósito es guiar a la humanidad en la toma de conciencia consciente, es decir, completamente realizada en todas sus potencialidades, y para entrenarlas en las técnicas que facilitan la conciencia de la propia divinidad de cada persona.

Creme es promotor y director de la revista en línea «Share International» que tiene como objetivo divulgar el surgimiento y consolidación de aquel a quien llaman el *Cristo de la N.E.*, guía supremo de la jerarquía celestial y compendio encarnado de todos los maestros espirituales de las grandes religiones. Es conocido como «el Señor Maitreya» se rodea de 12 *Maestros de la Sabiduría* para ayudarle en la labor de transformar la vida social del mundo, según aparece en la obra *The Ascended Masters write The Book of Life*, donde se detiene a detallar cómo Jesús alcanzó una conciencia ascendida en su vida terrenal. Su párrafo introductorio reza: «Es un compendio de incalculable valor informativo que puede muy bien denominarse la Biblia de la N. E.»

Su nombre real es Omar Ben Uh'Alshatar, nacido en Amman (Jordania) en 1942. Durante su juventud practica contactos telepáticos con su maestro de la Logia Negra. Desde 1965 perfecciona su entrenamiento durante 10 años en el monasterio budista de Shogum, dominando la comunicación telepática, levitación, manipulación del pensamiento con proyección de ideas a distancia, viajes esotéricos y astrales, bilocación, etc. Se establece en julio de 1977 en el seno de la comunidad asiática de Londres, desde allí prepara su aparición ante el mundo entero, como un supuesto *Instructor* a fin de convencer a cristianos, judíos, budistas, taoístas, hindúes y musulmanes, como también a aquellos que no se adhieren a ninguna religión, de que él es el Mesías esperado por todas las religiones y por los no creyentes. La N.E. identifica a Maitreya con Jesús de Nazaret, reencarnación suya, quien había adquirido el grado de Maestro por haber alcanzado la quinta iniciación: el dominio de sí mismo y el de la naturaleza.

Por otra parte, la repercusión de sus propuestas de vida comienza a identificarse con sectores de la población joven que atraviesan momentos vitales de búsqueda de sentido existencial. Como muestra de esto se presenta en Australia el denominado

Festival Maitreya. Publicitado a través de todas las redes sociales, ofrece un espacio para manifestaciones artísticas, acampada al más puro estilo hippy y una conexión con nuevas experiencias extrasensoriales, libres de convenciones, normas y límites socio-culturales para trascender el propio ser. Igualmente, el nombre de Maitreya se presenta en diversas publicaciones artísticas como sinónimo de una época nueva de liberación personal, antisistema, antirreligiones, amoralidad y relativismo, como encarnación mesiánica del ser iluminado superior, que da una culminación sincrética a la revelación del dios-energía dentro del imaginario de la N.E. En la actualidad, se ha desarrollado un silencio en torno a las apariciones públicas de Maitreya y se mantiene, como contraste y, al mismo tiempo, su papel intacto en las publicaciones de «Share International».

Es significativo el contenido del mensaje de Maitreya que utiliza el concepto al que refiere la palabra «amor» como una radiación de cierta Conciencia o Inteligencia gobernante del Cosmos, impersonal, que identifica libertad con santidad. ¿Qué deben hacer los hombres?, practicar la Meditación de Transmisión en grupos recitando la «Gran Invocación», composición de la esoterista Alice Bailey, y escuchando mensajes de Maitreya. Por medio de este ejercicio las personas se constituyen en receptores de la energía que envían los Maestros, y la difunden a los demás, contribuyendo así a la transformación global de la humanidad. El texto de la Gran Invocación, reconoce la identidad impersonal de la divinidad, el sincretismo arreligioso, la autoridad de los Maestros de la jerarquía celestial encabezada por Maitreya, el recurso a la venida del Cristo (familiar y aceptable por el mundo occidental de tradición cristiana) y la meta última que no es sino el establecimiento del Plan de la N.E. descrito detalladamente por Bailey en su «Doctrina Secreta».

La Gran Invocación

Con la fundación del *Lucius Trust*, o Sociedad de Lucifer en N. Jersey, EE.UU. (5 de abril de 1922) Alice y Foster Bailey pretenden difundir el Plan de la N. E. y el Nuevo Orden Mundial desde los presupuestos teosóficos. Apenas un mes después, ellos mismos crean una empresa editorial, inicialmente llamada *Lucifer Publishing Company*, para publicar el libro «Iniciación Humana y Solar» en el que presentan el antiguo mito de Lucifer como el ángel que trajo luz al mundo. Pronto le resultó claro a los Bailey que algunos grupos cristianos identificaban a Lucifer con Satanás y, por esta razón, en 1924 cambiaron el nombre de la compañía por el de Lucis Publishing Company».

Dicha Sociedad aclara con todo detalle el uso y significado de la Gran Invocación, de modo que, una vez lograda esa concienciación masiva de todos los pueblos, el Nuevo Cristo pueda manifestarse definitivamente en la N.E. Se explicita, por otra parte, que esta Gran Invocación puede y debe ser proclamada por tres grupos de personas: los seres humanos que viven en angustia, con dolor, en necesidad; por los esoteristas, aspirantes o discípulos, iniciados que muestran el camino al primer grupo y, en último lugar, por la propia Jerarquía Celestial.

En cuanto al modo y tiempo adecuado para llevar a cabo la Invocación, debe realizarse en cualquier momento y culmina en el plenilunio de junio, que citan como característico de Cristo. Es destacable que los términos de la Invocación son pacifistas, armoniosos, neutros en cuanto a que no se vinculan con ninguna religión en particular, y transmisores de un buen deseo e intención de bien para la humanidad, todo lo cual le confiere una aparente compatibilidad con cualquier otra creencia o fe religiosa. Así pues, la Gran Invocación se convierte en herramienta accesible y simple que une a multitudes de seguidores novaerenses en la espera de un acontecimiento fundante de su Nuevo Mundo. La eficacia de esta Invocación reside en una uniformidad de mentes y disposición de espíritu personal de cada uno. Es importante subrayar el significado que imprimen a los principales conceptos de esta recitación:

> El «punto de luz» es la gnosis intangible y reservada a una élite de escogidos más puros que los no iluminados que debe redirigir la vida de las naciones en una única dirección.

En cuanto al citado «Amor ligado al Cristo», convoca a una adhesión personal al esperado Maitreya, profundiza en esa relación de dependencia del maestro ascendido e iluminado a la que deben someterse las pequeñas voluntades de manera unívoca e inequívoca. De no ser así, el plan no podrá ser realizado.

Finalmente, la raza de los hombres es la recuperación antropocentrista de la existencia, cercana a la huida del deseo como causa del dolor de la postura budista. Todo lo contrario a esta invocación y al plan perseguido será identificado como «el mal».

B. Comunidades y difusores de la Nueva Era; precursores y proceso de penetración

Comunidades y difusores de la Nueva Era

El actual Instituto Esalen, fundado en 1961, se autodefine con las siguientes palabras: «El misticismo secular de Esalen es distintivamente americano porque codifica de un modo teológico uno de los principios nucleares de la Constitución Americana: la separación entre iglesia y estado». Dichas palabras facilitan la comprensión de la importancia de esta institución, la cual, para los seguidores de la N.E., constituye su sede social.

Este Instituto se convierte en el centro de la pretendida *renovación de la humanidad* en América a través de la salud, el arte, la economía y la industria, el gobierno y la ciencia, el entretenimiento y la religión. La comunidad de Esalen, fundada por Michael Murphy y Richard Price (animados por Aldous Huxley) presta voz a la actitud hippy de los años 60 para divulgar la noción de conciencia dilatada, el uso de alucinógenos con el fin de alcanzar la iluminación de una era nueva de supuesta paz que consiste, básicamente, en una huida del sufrimiento mediante la ignorancia, algo que resuena con claridad en las mentes conocedoras del budismo como emulación occidental de dicha filosofía. Al mismo tiempo, en Europa, la revista «Planeta» invita a la sensibilidad hacia espiritualidades orientales, parapsicología e interacción entre ciencia y religión. Louis Pauwels y Jacques Bergier escriben «El Retorno de los Brujos» obra con la que hacen un llamamiento a la iniciación paranormal por encima de la racionalidad, la alquimia, el resurgir de las civilizaciones extintas, las pirámides egipcias, la isla de Pascua, las líneas de Nazca y los Vedas, entre otros muchos. Además, una buena parte de dicho pensamiento se caracteriza por la defensa del uso de la parapsicología en experimentos de la Marina estadounidense en 1958. En medio de estas tesis resulta extremadamente sorprendente su elaboración teórica de las causas que escogen sobre la aparición del Nazismo. En contra de lo esperado, rechazan el esoterismo practicado por la cúpula nacional socialista, así como sus planteamientos mitológicos y cosmogónicos de un modo aberrante que condujo al mal absoluto. A su vez, sirve como ejemplo de la dualidad de muchas tendencias de la N.E. que son capaces de apoyar posturas contradictorias y opuestas sin abandonar su vinculación recíproca. La importancia de comprender a ambos autores y la comunidad Esalen radica en la extensión de su concepto más famoso *el realismo fantástico*, por el cual, todo debe ser examinado, aunque no todo creído y aceptado, y convertido en una síntesis integradora de saberes que puede desvelar nuevas visiones hasta ahora ocultas, como pretende la exoarqueología.

Al otro lado del Atlántico, en 1962 nace la Fundación Findhorn, una comunidad que realiza trabajos de horticultura y jardinería como medios de comunicación con lo que denominan Reinos Naturales. Su esencia es holística y pseudoespiritualista. Lo que en un principio parecía una vida naturalista vinculada con el trabajo de la tierra derivó en la conocida como Ciudad Planetaria, futurista, en la que la meditación y las oraciones regulares a Satanás lograron cultivar en tierras yermas y hacer crecer rosas y frutales en invierno. En palabras de uno de sus fundadores «Aquí ya no cultivamos verduras, cultivamos hombres que crecerán con una nueva actitud hacia la naturaleza, Dios y el mundo entero. El éxito de esta comunidad es la energía del amor planetario con la matriz universal».

A partir de estos planteamientos de la evolución del pensamiento de la N.E. surgen numerosas comunidades, entre las que destacan Lama Foundation (Nuevo México), Renaissance Community (Massachussets), Stelle Comunity (Illinois), New Vrindaban (West Virginia), The Universal Brotherhood (Australia), Le Domain du Bonfin (Francia), Yodfat (Israel), Yamatoyama (Japón), the Riverside Community (Nueva Zelanda). En España, Ahimsa (Barcelona), Asociación de Psicología Humanista de Cataluña (Barcelona), Estel (Barcelona) Kyber-Tao (Barcelona), Bios (Bilbao), Aldaba (Madrid), Amipsa (Madrid), Asociación Española de Ciencias Mentales (Madrid), Telegrama (Valencia), Centro del Desarrollo Potencial Humano (Santander), Comunidad Holística (Sevilla).

En el mismo proceso de configuración de la N.E. cobran una relevancia especial las aportaciones de la revista «Look» que da voz a la conocida como *Conspiración de Acuario*, bajo el influjo de Aldous Huxley.

En el ámbito de la psicología, diversos autores coinciden en destacar a C.G. Jung (1875-1961), E. Fromm (1900-1980), C. Rogers (1902-1989) y A. Maslow (1908-1970). En cuanto al terreno científico, algunos mencionan a E. Swedenborg (1688-1772), W. Heisenberg (1901-1976) y A. Einstein (1879-1955).

Algunos acontecimientos históricos han sido determinantes para anclar la presencia de la N.E. en las sociedades actuales. Los más destacables son: Conferencia Internacional Hinduista en Nueva Delhi promovida por la logia masónica Vishna Parishad, con el fin de divulgar la espiritualidad Oriental en Occidente; Mayo de 1968, revueltas de París; 1969, Woodstock (EE. UU.) movimientos antisistema y amorales; 1970, seminario en Esalen para la difusión del orientalismo del Yoga, guruísmo, música y educación; Se anula la divinidad de Dios y la importancia sagrada de la liturgia católica; El 29 de junio de 1971 Pablo VI, papa, declara que la Masonería se ha infiltrado en la Iglesia Católica; 1974, se crea la Comisión Trilateral para controlar el dominio homogéneo del orden político y económico mundial; 1975, el plan secreto de Blavatsky y la Sociedad Teosófica se dan a conocer en una gran campaña de difusión global a través de escritores esoteristas como J.J. Benítez, Richard Bach y Carlos Castañeda; de 1979 a 1981 se desarrollan numerosas multinacionales de la mano del neoliberalismo que, en algunos sectores, prepara el Nuevo Orden Mundial laicista de 1980; 1982 se anuncia a Maitreya, nuevo Cristo, y se suceden en esa década su apariciones y grandes convocatorias masivas en distintos lugares del planeta; 1990, los obispos de EE.UU. alertan sobre la irrupción de la N.E. en la vida de los católicos y se lo comunican al papa Juan Pablo II; septiembre de 1994, la ONU organiza en El Cairo la «Conferencia sobre Población Mundial» encaminada a reducirla para lograr un desarrollo sustentable, lo cual incluye planes gubernamentales de esterilización y control de la natalidad, aprobación del aborto y la eutanasia que se impondrán en las legislaciones de numerosísimos gobiernos. En 1999 se generaliza el sincretismo religioso y el rechazo de las religiones tradicionales y monoteístas, y entra en circulación el euro, nueva moneda única de una nueva economía única. Junio de 2000, Hotel Waldorf Astoria de New York, se reúne la cumbre de líderes religiosos para proteger la salud de la *Madre Tierra* (URI-The United Religions Initiative).

Finalmente, el gran centro actual de la N.E. se emplaza en Nueva York, en la llamada Escuela Arcana o *Lucis Trust,* antes *Lucis Publishing Company* y, antes aún, *Lucius Trust,* que gestiona el Templo de la Gran Comprensión, descrito como gran empresa masónica que se está desvelando progresivamente. Consideramos sus propias palabras de gran importancia para un entendimiento de sus doctrinas, ya que está en continuo proceso de elaboración y, como afirman, desvelamiento y revelación, esto es, se actualizan constantemente en su web:

«Hay siete tipos básicos de electricidad que el ser humano creativo y espiritualizado puede usar, y siete tipos correspondientes de materia, y el trabajo de edificación posterior está en el corazón de una Masonería eléctrica futura, donde se construirán templos no hechos con las manos. Los descubrimientos actuales sobre el carbono y su aplicación en nanotecnología son un símbolo exterior de este futuro arte y ciencia espiritual. Cuando la humanidad como un todo haya progresado a un estado de conciencia más espiritual, la manipulación eléctrica del carbono será ampliamente practicada mediante capacidades naturales que permanecen dormidas en cada individuo. La humanidad empezará entonces a trabajar conscientemente en unidad para transformar la tierra, y más tarde todo el sistema solar, en un templo viviente. Será un templo de carbono transfigurado, con la humanidad como el reino de almas de diamante, viviendo y expresándose a través de él».

Precursores remotos y cercanos de la implantación
de la Nueva Era en la Edad Contemporánea

A medida que se realiza un recorrido histórico de los acontecimientos y personajes que han ido diseñando el amplísimo espectro de la N.E., cobran relevancia algunos de ellos como precursores, ya sea remotos o cercanos, y merecen una mención particular. Siguiendo a Pível y Berzosa, podemos situar como precursor remoto de la N.E. a Charles Darwin (1809-1882), y su teoría evolucionista. Los seguidores de la N.E., asentándose en el panteísmo y la pertenencia animista a la *Madre Tierra,* equiparan la identidad y dignidad de todo ser vivo conocido. Sin embargo, dentro de la misma N.E. ha ido cobrando mayor difusión una tendencia semievolucionista que explica una selección privilegiada de los seres humanos, dentro de esa evolución, por parte de seres ascendidos o iluminados, revelados, como mencionábamos al citar la mitología masónica y nazi. Otros antecesores de gran influencia son: Georg Ivanovich Gurdief, Allan Kardeck, Eliphas Levi, Charles Webster Leadbeater, Papus, René Guénon, Paul Le Cour, Kalfried Graf Durckeim, Mircea Eliade, Maharishi Maesh, Starhawk y Eckhart.

En cuanto a otros difusores de la N.E. más cercanos y proclamados por sus seguidores, pueden ser: Paracelsus, Nostradamus, Saint Germain, Helena Petrovna Blavatsky, Annie Besant, Rudolph Steiner, Carl Gustav Jung, Alice Bailey, Theilard de Chardin, Edgar Cayce, Rasputín, Albert Pike, Aleister Crowley y Herman Hesse.

Finalmente, algunos de los ideólogos modernos más destacados de la N.E. que ejercen una influencia relevante en el dilema bioético actual: Jacob Needelman, Louis Pauwels, Jacques Bergier, los hermanos Huxley,(Julián y Aldous), Stanislao Groff, Abraham Maslow, Eileen y Peter Caddy, Fritjof Capra, Marilyn Ferguson, David Spangler, Anthony de Mello, S.J., Ricardo Luis

Gerula, Enrique Barrios, Shirley MacLaine, José Silva, Werner Erhard, Hilda Strauss, Lobsang Rampa, J.J. Benítez, Conny Méndez, Carlos Castaneda, Richard Bach, Maria de Graça Xuxa, Sai Baba, Paulo Coelho y Regina Betancourt de Liska.

Proceso de penetración en la cultura occidental

Parece razonable preguntarse ¿cómo ha logrado la N.E. penetrar en una cultura occidental con un marcado enfoque antropológico de origen cristiano? Ya el Papa León XIII, en su encíclica *Praeclara Gratulationis*, reclamaba la atención sobre una transformación paulatina de los planteamientos sociales e ideológicos del mundo contemporáneo que ha sustituido la concepción teocéntrica por una antropocéntrica del mundo y de la vida, lo cual ha favorecido una transformación progresiva del pensamiento religioso en la que estamos inmersos, y que ha facilitado enormemente la aceptación de la N.E. Este aspecto está íntimamente ligado a las cuestiones referentes a la vida, puesto que el hecho religioso nace como respuesta a las preguntas fundamentales sobre el sentido último y esencial de la existencia humana. Igualmente, la religiosidad da forma y potencia la ética de una colectividad que comparte la misma fe, al mismo tiempo que la ética personal según la fe en la que se inserte. Quisiéramos resaltar que, por motivos históricos y socioeconómicos, ha sido el modelo de vida europeo el que ha servido de motor de progreso en el mundo (sin desechar sus equívocos) sin poder desligarlo de la tradición cristiana en cualquiera de sus confesiones. Y, precisamente, es la postura inamovible de defensa de la vida, la libertad y dignidad personal, sin excepciones, de este humanismo cristiano la que ha convertido a estas sociedades occidentales en destinatarios principales de la extensión del pensamiento de la N.E.

El siguiente interrogante puede formularse como sigue: ¿por qué la N.E. necesita lograr el asentimiento de las sociedades de tradición cristiana más que el de las sociedades orientales?, ¿no son tan potentes e influyentes sociedades orientales como la china, egipcia e india en la historia de la humanidad, o bien, los pueblos africanos? Ciertamente lo son, pero comparten con la N.E. múltiples raíces de pensamiento religioso, además de costumbres socioculturales que reflejan posturas ante la vida humana opuestas a la visión cristiana sobre la misma. Es por esto que la N.E. no precisa «convencerlas» de propuestas bioéticas que ya están incorporadas a su tradición histórico-cultural. Por otra parte, es apreciable una postura socio-religiosa occidental que propicia la aceptación de la N.E., que presenta diversas manifestaciones como la incoherencia entre la fe y la vida de los creyentes, la ignorancia, la extensión del relativismo moral y su consecuente desdibujamiento de la frontera entre lo bueno y lo malo; también la relegación de la vida cristiana al ámbito de lo privado.

Podemos describir el proceso de penetración de la N.E. en el mundo de tradición cristiana a lo largo de cuatro etapas:

> En un primer momento se reniega de la Iglesia pero se acepta a Cristo como Hijo de Dios, pero desvinculándolo de ella y destacando sus defectos y errores históricos. Esta actuación se produce a través de medios de comunicación, literatura y transmisión boca a boca, a través de la enseñanza, los medios de opinión e, incluso, en predicaciones y ambientes espirituales dentro de la Iglesia Católica. Es el momento idóneo para el crecimiento de sectas de origen cristiano como los mormones y los testigos de Jehová. Comienza en esta etapa el ataque para conseguir el descrédito generalizado de la Iglesia y el sacerdocio, relacionándolo con un lugar de poder y manipulación de las personas. Es fácil recordar expresiones coloquiales muy utilizadas en aquellos tiempos, tales como: «Yo creo en Cristo, pero no en los curas».
>
> En un segundo momento, ante la vaciedad espiritual de muchos católicos occidentales, las propuestas de la religiosidad oriental

y los gurúes se hacen más atractivas y Jesús, aunque histórico, ya no es Cristo, sino sólo un ser excepcional y superior, al mismo nivel que otros personajes ilustres como Mahoma, Zaratrusta, Buda, etc. Esta transformación del pensamiento que incide directamente en la fe católica, se ha infiltrado hábilmente dentro de la misma Iglesia, en numerosos ámbitos de la vida religiosa y sacerdotal.

Un tercer momento conduce a las personas influenciadas por la N.E. a rechazar también la idea de que Dios es un ser personal, existente y todopoderoso. Dios deja de existir como «alguien» para ser concebido como «algo», una *Energía Universal* que todo lo impregna, muy en línea con el concepto de Brahma del hinduismo. Así, como la necesidad inmanente al hombre de responder al misterio se ve insatisfecha por la ausencia de Dios, determinados asuntos seculares pasan a ser casi religiosos. Por ejemplo, en política el marxismo, en ciencia el freudianismo y el desarrollo del potencial ilimitado del ser humano. Para la bioética esto comienza a tener consecuencias preocupantes en momentos determinantes de la historia de la humanidad, tales como las dictaduras comunistas y el nazismo nacional-socialista.

Se empieza a perfilar en esta etapa lo que hoy en día será el desprecio por el no nacido, la concepción materialista del propio cuerpo, la confusión entre libertad y satisfacción personal y el concepto de dignidad y de muerte digna.

Como culmen del proceso, el cuarto estadio acaba negando toda religión tradicional entendida como conjunto de creencias y doctrinas, con unos libros o textos, lugares y fiestas sagrados, sobre todo se niega en tanto en cuanto tenga algún ascendiente ético-moral sobre las personas. Se inicia la etapa en la que nos encontramos en la actualidad que se centra en recuperar esa necesidad de sacralidad innata en la persona, pero orientada hacia un relativismo moral muy marcado, es decir, sin normas ni marcos morales, rechazando la formación de la conciencia y pensamiento moral como fruto de una tarea educativa y con el solo criterio de discernimiento de la propia voluntad. De este modo, se recurre a promocionar las prácticas de ocultismo como sagradas, como alternativa a la fe religiosa, regresando al inicio de la fenomenología religiosa y a las culturas antiguas que han marcado nuestra historia, tales como Egipto, Grecia, Roma, Mesopotamia, las culturas precolombinas, etc. Según los líderes de la N.E., estamos atravesando la verdadera N.E. Este proceso ha sido paulatino, inadvertido, solapado, lento y eficaz, atravesando determinadas vías de entrada:

a) Literaria: en 1976 la publicación del libro «Juan Salvador Gaviota» de Richard Bach, supone la divulgación mundial y popular del Channelling (canalización, contacto con espíritus y maestros espirituales). Con la venta de 25 millones de ejemplares, se convierte en la punta de lanza de la N.E. Según el propio autor, dicha historia fue dictada por un espíritu o maestro espiritual. A esta obra se une «Las enseñanzas de D. Juan» de Carlos Castaneda, exponente de hechicería.

Hoy en día, multitud de literatura N.E. está al alcance de cualquiera. Se trata de libros que envían un mensaje aparentemente positivo pero que conforman eficazmente todo este cambio de mentalidad.

b) Audiovisual, virtual y en redes sociales: estos medios, las vías más rápidas para crear opinión, han promocionado un excesivo gusto por el terror, lo feo y lo monstruoso, fomentando experiencias extrasensoriales, poderes parapsicológicos como la telepatía y la hipnosis, además de todo lo satánico. Muchas películas y series televisivas exponen la teoría de la N.E., como la última entrega de la Guerra de las Galaxias (aportando la idea que el Bien no puede existir sin el Mal, heredera del paganismo oriental y el rechazo de la religión y su moral), Agnes de Dios, Ágora, El Código da Vinci, de inspiración gnóstica; Avatar, que introduce un panteísmo, animismo y reencarnacionismo virtuales; Harry Potter, iniciadora magistral en la magia para los niños y adolescentes; y un largo etcétera.

c) Simbólica: abundante es la simbología satánica y masónica en los libros, televisión, películas, internet que se ha ido incorporando a la estética actual, ignorando que los símbolos refieren siempre una realidad, identidad, sentimiento o pensamiento ulterior y que son el vínculo que conduce a un determinado estilo de ver la vida. Pongamos como ejemplo el arcoíris de seis colores que es utilizado como símbolo de culto a la naturaleza, como puente con el Gran Maestro Universal (Gran Arquitecto de la Masonería) y es también una seña de identidad del lobby gay. Por tanto, este símbolo no es sólo una sucesión de colores sino una valoración sobre la naturaleza y sobre la sexualidad humana que se basa en un ecologismo extremo y una reivindicación de la homosexualidad y su práctica como opción sexual.

d) Musical: a base de repeticiones de sonidos en secuencias alternadas en una atmósfera que lleva al oyente a una relajación completa bajando su nivel de consciencia, los mensajes de la N.E. alcanzan más fácilmente a la persona y su voluntad, utilizadas como vehículo para favorecer los ritos y terapias de N.E., no en la música en sí misma (p. ej. Enya, particularmente los mensajes en gaélico de sus canciones).

En el polo opuesto, pero con similares resultados, encontramos la música rock y el heavy metal, especialmente las de corte satánico, tales como Marilyn Mason, Rolling Stones y AC-DC (Anti Christ, Death to Christ) En este caso, en cambio, sus letras y melodías promocionan el culto a Satanás y los ritos relacionados con ellos. Incluso algunos recuperan prácticas como los sacrificios animales (Marilyn Mason) de religiones primitivas y antiguas.

e) Estupefacientes/drogas: son utilizadas con frecuencia en prácticas de N.E. para alterar los estados de consciencia y manipular el sistema nervioso, frecuentemente en ceremonias iniciáticas y ritos ocultos.

f) Descrédito progresivo del modelo judeocristiano, la moral y la ley de Dios: a través de medios de comunicación, declaraciones de los políticos y series de televisión en las que se equipara la tolerancia y el respeto con la aceptación sin reservas de la ideología de género.

Mención especial merece internet, plataforma que puede difundir la ideología de la N.E. sin límites, a menudo gratuitamente, y a una velocidad inimaginable para quienes iniciaron la Teosofía y el Plan.

C. Estructuras económicas y políticas vehiculares para el nuevo orden mundial de la Nueva Era

Desde la guerra fría posterior a 1945 y la crisis petrolífera de 1973, la preocupación de EE.UU. se centra en la seguridad nacional. Los países productores de petróleo pueden organizarse y afectar directamente al funcionamiento de las bases de la economía de los países industrializados, demandándoles justas retribuciones al aporte de materias primas que estos ofrecen. Los acontecimientos sociopolíticos y económicos de esta época, motivan la irrupción del poder económico y financiero anglosajón a nivel mundial. La inclusión de la Masonería como herramienta en la adquisición de poder en la nueva clase emergente burguesa es terreno apropiado para el Nuevo Orden Mundial y éste es, precisamente, el principal objetivo de la N.E.

El lema masónico «la ayuda mutua de los hermanos» y la «ley de secreto» facilitan posicionar a muchos miembros de las logias en puestos de poder, de dirección y de gobierno, simultáneamente a la marginación de los países de habla hispano-portuguesa y el aislamiento de los subdesarrollados.

Es en este contexto en el que se da forma a la llamada Comisión Trilateral, fundada en 1974 por EE.UU., Japón y Europa Occidental, liderados por David Rockefeller, con el fin de consolidar una unión económica y política mundial que les otorgue poder y control y que guiará a la globalización, neoliberalismo y apertura económica, las multinacionales y las privatizaciones. La presencia de personalidades como los Rothschild, los Morgan y los Rockefeller, no suele ser visible sino delegada. Simultáneamente en el tiempo, el Tercer Mundo se encuentra en plena expansión demográfica y de sus materias primas y energía depende la vida industrial de los países ricos y el mercado internacional. Las multinacionales ejercen un papel preponderante, fomentan y limitan la producción, la mano de obra, la localización e implantación de las fábricas e, incluso, la competencia. Por su parte, la investigación científica y la alta tecnología serán exportadas a diferentes velocidades con respecto a qué países sean los destinatarios, de modo que los menos desarrollados mantengan su dependencia de los más avanzados.

En esta construcción de un nuevo orden, de tipo corporativista, los EE.UU. se yerguen como garantes del éxito y exigen la adhesión de los estamentos ricos y gobernantes de los países principales en el ranking económico mundial.

Esta doctrina exige la utilización de instrumentos de acción eficaces, abarcando el orden político, educativo, científico, económico y tecnológico. Así, por ejemplo, se transfieren industrias contaminantes a países subdesarrollados en virtud de un compañerismo global, se mentaliza a la población de países ricos en cuanto a la amenaza que supone el aumento de los pobres para la riqueza y seguridad de los dominantes. La libertad de iniciativa de las universidades y centros de investigación, en muchos casos, será orientada o incluso anulada, y su función crítica será muy disminuida, subordinada a la aceptación de determinados programas de investigación, cuya aceptación condiciona la financiación externa de los proyectos, así como su difusión a través de los medios de comunicación. Esta misma minoría financiará las investigaciones sobre la reproducción, la fecundidad y la demografía.

El programa de acción es conciso. Una vez que se pone de relieve la escasez de materias primas y la fragilidad del medio ambiente, se presenta como necesidad acuciante de la naturaleza el control del volumen de la población, causante de tal degradación de la madre tierra. Sustraer al niño de la influencia familiar y proporcionarle una educación integral se muestra a menudo como una alternativa interesante para padres muy absorbidos por sus ocupaciones laborales cuando, en verdad, es un recurso de despersonalización y desarraigo del cual ya se aprecian consecuencias en ámbitos escolares y sociales. El Estado inhibe la capacidad personal de juicio y de decisión; instaura una policía de ideas; culpabiliza y adoctrina, desprograma y reprograma; impone una nueva ideología, organiza el culto del jefe e instituye una nueva religión civil.

Un ejemplo del planteamiento de los problemas ecológicos radica en el esfuerzo por convencer a los países satélites para que se resignen a la austeridad o a la pobreza. El llamado maestro tibetano, Djwal Khul, a través de Alice Bailey, supuestamente anunció que «una tercera parte de la humanidad tiene que morir antes de llegar el año 2000... [y que] la muerte no es una tragedia a la cual se deba temer; la labor del destructor no sería cruel o indeseable en realidad... Por lo tanto, los guardianes del plan permitirán mucha destrucción y muchos males se convertirán en cosas buenas». Esta mentalidad conducirá a la exterminación anual de millones de niños por medio del aborto. También proclaman que «se debería fijar una meta para reducir la población a un nivel donde los recursos del mundo puedan sostener indefinidamente un nivel de vida decente (probablemente menos de dos mil millones de personas) y, por fin, estas normas tendrán que hacer que los gobiernos usen de la coerción para contener la procreación.

Un poderoso brazo ejecutor es la presidenta de la organización anti vida Planned Parenthood, Faye Wattleton, y su mano derecha Alan Guttmacher, del Instituto de Investigación que lleva su nombre. Ellos se consideran a sí mismos como los nuevos humanistas y enfáticamente afirman: «en cuestiones de sexualidad, creemos que las actitudes intolerantes, frecuentemente cultivadas por religiones ortodoxas y culturas puritanas, reprimen indebidamente la conducta sexual. El derecho al control de la natalidad, el aborto, y el divorcio deberían reconocerse... Creemos en el derecho a una educación universal... el crecimiento excesivo de la población tiene que ser controlado mediante un acuerdo internacional». La Planned Parenthood también apoya campañas masivas para esterilizar a las mujeres del tercer mundo, (a menudo sin su permiso ni conocimiento) así como la política china del hijo único, cuyos gobernantes llegan hasta el extremo de secuestrar a las mujeres que quedan embarazadas por segunda vez y las obligan a abortar; (actualmente autorizan a tener dos por gran escasez de mujeres, altos índices de homosexualidad y suicidios). Algunos autores como Jean Guilfoyle afirman que Unicef es responsable de financiar con los ingresos de las aportaciones generosas de sus donantes a hospitales que practican abortos y esterilizaciones.

La importancia de las multinacionales en la globalización reside en que son divulgadoras privilegiadas de la nueva cultura, política y economía. Suelen deslocalizar sus fábricas a lugares donde los costes por las tareas más sencillas son muy reducidos (Sudamérica, Sudeste Asiático, China, India, África…). Pero no todo es progreso para los países emergentes, ya que no están preparados para controlar eficazmente el respeto a la dignidad humana en la cadena de producción y el respeto al medio ambiente. Importantes ONG y la OMC (Organización Mundial del Comercio) se presentan como grandes enemigos de las multinacionales que pretenden la toma de poder de países desarrollados, cuyos intereses chocan frontalmente con los de los países emergentes.

Las entidades más influyentes que lo ostentan como garantes del ya mencionado Orden Mundial, siguiendo a Manuel Guerra,

Ricardo de la Cierva y Alejandro R. Laccarino, sus gerentes son ejecutores económicos, entre los que destacan de forma importante: la Royal Society y su antecesor, el Colegio Invisible, el Real Instituto de Asuntos Internacionales, el Consejo para las Relaciones Exteriores (CFR), la Comisión Trilateral, el Grupo Bilderberg, el Comité de los 40, el Acuerdo Multilateral de Inversiones, el Instituto Atlántico de París, el Club de Roma, la Sociedad de Peregrinos, la Mesa Redonda, la Sociedad Fabiana (SF), el Instituto Real de Asuntos Exteriores (RIIA), el Instituto Aspen, la Orden de los Huesos y la Calavera (SAB), el Club de los Bohemios (BC), el Club de los Rotarios (RC), etc.

Siendo organizaciones estructuralmente reducidas, adquieren un alcance de influencia gracias a los grupos de trabajo o equipos interdisciplinares, que aúnan a especialistas universitarios, laboratorios y financieras de multinacionales que se ofrecen ante los gobiernos como herramientas eficaces en su afán unificador.

La Mesa Redonda, fundada en Gran Bretaña en 1891 para preservar la unión entre colonias y metrópolis, derivó después en la Commonwealth de 1926. Cecil Rhodes y William T. Stead, masones, formaron una sociedad secreta, The Table Mountain, cuya aspiración es el asentamiento de la supremacía anglosajona transoceánica, entre Gran Bretaña y EE.UU. mediante medidas adoptadas eficaces, tales como el monopolio de las minas de oro y diamantes sudafricanos por parte de Rhodes bajo el auspicio financiero de los Rothschild, y el apoyo del periodista masón, teósofo y fabiano W.T. Stead. A la muerte de Rhodes, en 1902, Alfred Milner será el director de lo que se llamará «The Round Table» (emulando la mitología en torno al rey Arturo en el plano mistérico), siendo Gran Primer Vigilante de la Pilgrim's Society. Su relación con España se constata en que presidió la multinacional Río Tinto Zinc, minera de Rothschild en Huelva, además de que sir Auckland Geddes, también del Royal Institute of International

Affairs, financia el alzamiento nacional de Franco en 1936. Del mismo modo, Milner y George Buchanan (de la Pilgrim's Society) embajador británico en Petrogrado, se convierten en distribuidores de la ayuda económica para los bolcheviques.

Sus miembros son siempre personas destacadas por su talento o por su dinero, se subdivide en dos ramas, una estadounidense y otra europeo-británica. En la primera, es bien conocido el expresidente Clinton y su esposa Hillary, ambos beneficiarios de las becas de la Rhodes House, miembros del Bielderberg y del CFR, seguidores fieles de los gurúes de la N.E. y proclamado Bill como presidente de la N.E. en la revista americana «New Age». En el ámbito europeo, Humberto y Gianni Agnelli, masones y propietarios de la multinacional FIAT, más conocidos como los «Rockefeller italianos». Más información significativa supone conocer que, en 1980, ciento setenta y cuatro presidentes de las multinacionales más importantes eran miembros de la RT, así como que periódicos como The New York Times, Washington Post, New York Herald Tribune, Christian Science Monitor, Reader's Digest y Associate Press, han sido fundados y dirigidos por judíos de la RT y logias masónicas.

En la misma línea de investigación se sitúa la Sociedad Fabiana (SF) o Fabian Society. Es apreciable la presencia fabiana en política de la mano de socialistas que escogen la propaganda y la legislación, frente a la acción de los comunistas, mediante revoluciones y golpes de estado. La SF se funda en un clima burgués en 1884 en un caldo de cultivo de prácticas esotéricas, teosóficas y masónicas. Funda el partido Laborista inglés en 1906. Es notable su dominio del área educativa a través de universidades como Oxford, Harvard, Cambridge, Princeton y Columbia, la London School of Economics y la vinculación con David Rockefeller, entre otros. Por otra parte, la vinculación de la SF con la Masonería es demostrable considerando qué personajes destacados pertenecen a ambas instituciones, tales como Annie Besant, Alice Bailey, Haldane, William Clarcke y Mazzini.

Existen otras organizaciones relevantes vinculadas con la red de multinacionales y de logias masónicas influyentes en estamentos de poder, entre las que destacaremos el RIIA, el CFR y el BG.

El Royal Institute of International Affairs (RIIA; Chathan House) nació en Londres, presidido por el coronel Edward Mendel House y con la presencia de invitados norteamericanos e ingleses pertenecientes a la RT y la FS que habían participado en la Conferencia de paz de Versalles. Lo integran unos tres mil miembros y los dirigen treinta y tres, que son quienes conocen la naturaleza de los proyectos político-financieros para el Nuevo Orden Mundial. Geográficamente abarca Reino Unido, EE.UU., Tokio, Pekín, Varsovia, Moscú, Bucarest... Algunas de las figuras relevantes del RIIA son Milner, Arthur Balfour (que fue primer ministro británico), lord Rothschild, W. Shepardson (de Skull and Bones) y John Foster Dulles (ambos del bufete Morgan y Rockefeller).

El Council of Foreign Relations (CFR) es la rama estadounidense del RIIA desde 1921 y lo integran las personas más influyentes del gobierno, los negocios, la banca, la comunicación y la intelectualidad de EE.UU. De él han salido todos los presidentes desde Roosevelt, todos los secretarios de estado desde 1939 y todos los directores de la CIA. En 1946 en Clacton-on-Sea, los fabianos británicos organizan una Internacional Socialista para contener la expansión comunista soviética. Sin embargo, ellos mismos servirán de cuña para su expansión por Europa a través de dos comisiones, Palme y Brandt, ambas dirigidas por masones, Olof y Herbert Karl Frahm respectivamente, pertenecientes a una o más de las sociedades PS, Trilateral y Bilderberg. Parece ser que gracias a la de Brandt, por ejemplo, se financió la campaña electoral de 1982 que llevó al presidente español González al poder.

Distintas organizaciones se encuadran en lo que viene a denominar «Masonería invisible», debido a que, si bien sus fines y actividades no presentan aparentes vinculaciones con la Masonería, son impulsoras de los ideales y proyectos masónicos desde la discreción y el anonimato. Mantienen una estructura tricircular concéntrica. Si solo se forman dos círculos se trata de una organización totalmente secreta, como Skull and Bones y Bohemian Club. Si consta de tres, el tercero, aunque también secreto, se abre a más personas afines por su influjo político, como es el caso del Bilderberg group y la Trilateral.

En el Bilderberg group o Club de Bilderberg el primero de sus círculos, el más reducido y decisivo, se denomina Bilderberg Advisory Committee (Comité Consultivo). David Rockefeller es el secretario general en nombre de EE.UU. Todos sus miembros pertenecen al CFR y al segundo círculo. Éste, es más amplio, Steering Committee (Comité Asesor o Director) formado por 24 europeos y 15 estadounidenses. Los miembros del primer círculo son todos masones, sobre los del segundo no se puede afirmar categóricamente, aunque sí su pertenencia por derecho. Al tercer círculo, mucho más numeroso, se añaden invitados ocasionales y afiliados permanentes, en torno a unas 120 personas. Todos ellos son ciudadanos influyentes y prestigiosos en el ámbito político, mediático y financiero en sus países de origen. Su reunión anual y los invitados se fijan con cuatro meses de antelación, pero el lugar solo se comunica una semana antes. Sus conclusiones y reflexiones sobre los asuntos políticos y económicos internacionales son transmitidas al G8 y, a veces, al Instituto Aspen, al Club de Roma, y al Foro Mundial de Economía de Davos. Los debates de cuatro días son estrictamente a puerta cerrada. Los medios de comunicación autorizados (El País, New York Times, etc.) apenas conceden relevancia a estas reuniones.

A pesar del esfuerzo del grupo por defender el carácter meramente informativo de las reuniones, se ha comprobado con claridad que algunos acontecimientos han sido acordados en el BG: la guerra de las Malvinas, las relaciones con China de Nixon, la autorización para que Rusia bombardeara Chechenia, la subida de precios del petróleo, el desmembramiento de Yugoslavia y su entrega de un territorio a Hungría, la fecha de comienzo de la guerra de Irak. Solo una decisión no se pudo ejecutar: la división de Canadá por fronteras lingüísticas. Daniel Estulin desveló sus intenciones previamente y eso lo impidió. Básicamente, en lo que coinciden detractores y defensores del BG, es en la eficaz promoción de los asistentes a puestos políticos importantes, tales como Clinton, Blair, Romano Prodi y Loyola de Palacio.

En cuanto al Nuevo Orden Mundial y la primacía anglosajona, son objetivos compartidos con la Trilateral. Dentro del BG se difumina la división entre la Masonería regular o inglesa y la liberal, aunque predomina la primera. Una anécdota ilustrativa que llamó la atención a periodistas fue una imagen de Lucifer al modo masónico que se erguía en el vestíbulo del hotel Vouliagmeni, en las islas griegas con la simbología del *non serviam* de la rebeldía contra Dios, el príncipe de la luz, de la ilustración… La financiación del BG corre a cargo de los Rockefeller, Rothschild, la Banca Rillon Read, la Banca Warburg, la banca Lehman, el Fondo Monetario Internacional y el Banco Mundial. El mismo Kofi Annan fue miembro del BG antes que secretario general de la ONU, casado con una Wallenberg, familia sueca millonaria que también financia al BG y controla el 40% de las empresas que cotizan en la Bolsa de Estocolmo. Es conocida su pertenencia destacada a todos los clubes de la elite del capitalismo internacional: Foro de Davos, Comité directivo del Banco Central, fundadores y miembros de la ERT (European Round Table Industrialist), con-

trolan indirectamente la fundación Nobel y financian el partido
Moderado que gobierna actualmente Suecia.

Cabe recuperar la mención al creciente ecologismo pregun-
tándose si las principales organizaciones ecologistas pueden estar al servicio de grandes grupos económicos. Basándonos en
el periodista Jesús García Blanca, la raíz que entrelaza a ambos
es el Fondo Mundial para la Naturaleza (World Wildlife Fund-
WWF) fundado en 1961 por Bernardo de Lippe-Biesterfeld, presidente al mismo tiempo del BC hasta su muerte en 2004. Al
mismo tiempo, es la Fundación Rockefeller quien controla las
Cumbres de la Tierra.

Otra organización, la Comisión Trilateral, alarga el poder anglosajón sobre el Pacífico hasta Japón. Una parte del BG, CFR y
BB junto con un grupo de japoneses la constituyen en 1972 en
Hudson Valley, propiedad de los Rockefeller. Sus objetivos sociopolíticos y religiosos consisten en promover e impulsar:

> El capitalismo, compatible con un socialismo tecnocrático,
> aconsejando ser transigentes con los regímenes comunistas, toleran-
> do ciertas violaciones de derechos humanos.
>
> El concierto global sobre bases económicas y la superación del
> concepto de Estado-Nación. En palabras de Rockefeller: «se trata
> de sustituir la autodeterminación nacional, que se ha practicado du-
> rante siglos en el pasado, por la soberanía de una élite de técnicos y
> de financieros mundiales».

El progresivo control social, más justificado si cabe por las
guerrillas terroristas, la crisis económica y la necesidad de seguridad. El estado, así, va abandonando paulatinamente su labor sub-
sidiaria para asumir el rol de invasor del ámbito privado.

El mundialismo religioso de la N.E., siendo la idea más cercana de dios para la Trilateral el dios fenicio Mamona, o dinero
idolatrado y personificado.

Así pues, numerosas constataciones, como la financiación de la campaña presidencialista de Jimmy Carter, masón, por parte de la CT, llevan a investigar su relación con la Masonería. Existen vínculos como la Logia P2 y la CIA que fundan la sociedad secreta Gladio con ayuda de masones para recuperar el poder perdido por la OTAN tras la II Guerra Mundial en favor del Pacto de Varsovia, y del expansionismo soviético. Por su parte, la CT tiene garantizada su financiación en manos de Rockefeller Brothers Foundation, Rockefeller Family Foundation, Ford, Carnegie, Coca-Cola, etc. España entró en la Trilateral en julio de 1979. En cuanto al Bohemiam Club se reviste de un cierto druidismo y religiosidad pagana ancestral. Exclusivamente masculino, se reúnen en un bosque para realizar ritos iniciáticos, dar conferencias y realizar prácticas pseudoreligiosas nada edificantes en ritos teñidos de mitología griega con Palas Atenea y Moloch (dios cananeo receptor de sacrificios humanos). Entre ellos han figurado Reagan, Kissinger, David Rockefeller, Nixon..., entre otros.

D. Finalidad de la Nueva Era y Pilares Ideológicos (desde la Era de Acuario a la ideología de género)

Finalidad de la Nueva Era

Los objetivos destacados del Plan de la N.E., de acuerdo con los escritos de Blavatsky y de la Sociedad Teosófica, son los siguientes:

a) Llevar al hombre a considerarse capaz de desarrollar poderes que no tiene, o que posee y desconoce, cuya procedencia no es debida a ningún dios ni fuerza sobrenatural.

b) Glorificar al hombre para identificarle con Dios

c) Conducir a la humanidad hacia:

- una sola religión mundial
- un solo sistema económico mundial
- una sola cultura mundial
- un solo gobierno mundial

d) Controlar a todos los habitantes de la tierra, a quienes se concedería un bien desconocido, libre de religiones y normas, que se convierte en la promesa de felicidad que anhela el corazón humano por su propia naturaleza.

e) Preparar a la humanidad para aceptar un mesías (Maitreya), siguiendo doctrinas ocultistas y satánicas promovidas por teósofos y espiritistas como Benjamin Creme.

Las metas aparentes de la N.E. tienen aspectos positivos a simple vista, tales como buscar el bien, la salud, la paz, la hermandad mediante un Nuevo Orden Mundial y una utópica sociedad sin tensiones. Sin embargo, sus metas reales son preparar al mundo para un gobierno único y su posterior control por parte de la energía cósmica divinizada (Lucifer) mediante la adoración rendida al mismo.

Para la inmensa mayoría de los seguidores de cualquiera de las prácticas y creencias de la N.E., la identificación de la tiniebla con Lucifer no implica algo negativo ni malvado en sí mismo. Como predica «La Doctrina Secreta» de Blavatsky, en donde la tiniebla (el mal) constituye el origen de la luz (el bien) y sin la primera la segunda no es capaz de existir[1].

El movimiento de la N.E. enseña que el hombre se salva mediante la iniciación y por sus obras y no por la gracia de Dios y la fe en el sacrificio de Jesucristo. La iniciación se considera el corazón y la médula de la nueva religión mundial que se planea. David Spangler, uno de los personajes del movimiento, y miembro de una sociedad llamada Ciudadanos Planetarios, dice: «Para poder

---

1. Constance, E. *The Hidden Dangers of the Rainbow,* Huntington House, Inc. Shreveport-EE.UU., 1983, 185.

entrar en la N.E., es necesario aceptar una iniciación luciférica... vamos hacia una iniciación mundial, una iniciación masiva de personas... darán nuestro número o una marca mediante la ceremonia de la iniciación». ... «todos los que se oponen al cristo de la N.E. serán librados de su encarnación física, y serán enviados a otra dimensión, fuera de la encarnación física»[2] en términos simples, los opositores serán eliminados. Su creencia en la reencarnación lo justifica como una masiva transportación de almas a otra dimensión para su bien y por la justicia de la ley del *karma*.

Otra famosa dirigente del movimiento, Barbara Marx Hubbard, escribe en su libro «Feliz Cumpleaños, Planeta Tierra»: «las opciones son, ¿quieres hacerte el cristo natural, un ser humano universal, o prefieres la muerte? Las personas cambiarán o morirán. Estas son las opciones»[3].

Las principales formas con las que se presenta son: aceptación de todas las religiones, reencarnacionismo, búsqueda de la salud, Ecologismo Profundo, uso de lenguaje y términos cristianos, justificación científica del Ocultismo e invocaciones a espíritus (a los que llaman ángeles y guías espirituales).

Pilares ideológicos de la Nueva Era

Las posiciones ideológicas y las creencias pseudorreligiosas de la N.E. constituyen una unidad inseparable que contribuye a fomentar confusión en sus seguidores, renunciando a menudo a la reflexión intelectual y razonada, también de las cuestiones de fe, para asumir sin grandes reservas unos postulados más bien justificados por el subjetivismo emocional de ciertas experiencias, todo lo cual configura un modo de ser y actuar fácilmente identificable.

2. Bailey, A. *Iniciación humana y solar*, Sirio, Málaga, 1997, 123.
3. Bailey, A. *El discipulado en la Nueva Era,* Sirio, Málaga, 1997, 260.

Llama poderosamente la atención comprobar que, aunque la N.E. exalta la superación de normas, dogmas, doctrinas morales y tradiciones culturales, su propia ideología constituye de por sí un tipo de credo y un conjunto de doctrinas definido y concreto. Más aún, el hecho de no adherirse a la N.E. es descrito por sus líderes como signo de ausencia de iluminación, propia de quienes se encuentran en un nivel inferior de conciencia.

Era de Acuario

Genéricamente, N.E. significa tiempo nuevo, período nuevo, etapa nueva de la historia. Esta denominación procede de la astrología que asegura que la tierra, desde 1967, ha pasado del período de Piscis al de Acuario. En el siglo II, la Iglesia tomó la palabra *Ichthys*, pez en griego, como símbolo de Cristo. En esta simbología, las letras de la palabra representan las iniciales de la frase: *Iesous Christos Theou Yios Soter (Jesús Cristo Hijo de Dios Salvador)* y fue utilizada como contraseña en época de persecuciones y para manifestar su adhesión a la fe. Tanto el pez como el críptico aparecen numerosas veces en las catacumbas. En cambio, el término acuario está ligado al concepto judío del *sheol*, el abismo y la oscuridad, algo semejante al infierno. Para la N.E., la era de Piscis fue la etapa del duro y del machista e intelectual Dios/Padre. Frente a esto, la N.E. anuncia ahora que ha llegado el tiempo de la femenina e intuitiva Diosa/Madre.

Los astrólogos explican que la Era de Acuario simboliza el árbol del conocimiento o de la sabiduría, que este cambio de era ocurre cada 2.146 años, aproximadamente, y que el último coincidió con la llegada de Jesucristo. Algunas explicaciones más sofisticadas precisan que la Era de Piscis ha estado regida por el planeta Neptuno, de cuya mano los seres humanos han aprendido a gestionar y conectar con sus emociones, mientras los poderosos se esforzaban por velar el acceso al conocimiento y la sabiduría supremas. Acuario es la era de Urano, el destructor, la era de la tecnología y la exploración espacial, del surgimiento del *homo amantis*, esto es, del hombre maduro que busca amarse a sí mismo por encima de todo. Desde esta mentalidad la medicina alternativa, la astrología, el vegetarianismo, la adivinación, el esoterismo, el auge de las logias y el ocultismo están rápidamente ganando popularidad, a la espera del momento propicio de la Era de Acuario, en la que todo ser humano podrá acceder a esa sabiduría ancestral. Los acuarianos leen determinados acontecimientos como revelaciones de que el Nuevo Orden está en marcha. Así, el hundimiento del Titanic se interpreta como el final del soberbio Piscis, los tsunamis y terremotos de las últimas décadas se entienden como gestos del despertar de la Tierra que también se está conectando con la vibración cósmica, purgándose a su vez, de la superpoblación que la ahoga. Se espera que Acuario libere a los iniciados de las limitaciones de lo viejo, de las religiones monoteístas, de su moral y su ética, identificándolo con el miedo y la represión. De igual manera, Acuario sanará el cansancio de origen desconocido y la falta de motivación vital que padecen las personas en nuestro tiempo.

En este sentido, Acuario transforma al hombre en ser espiritual, en contraposición con Piscis, que lo perpetraba en la racionalidad. La propia N.E. define este período como *la era de la venida del cristo definitivo y universal* (anticristo).

Gnosis o Teosofía y Masonería

«Creemos en un ser supremo de quien todos somos parte», comienza la declaración de principios de los Rosacruces, importante rama de la Masonería[4]. La N.E. retoma y reaviva el pensamiento

---

4. Vidal, C. *Los Orígenes de la Nueva Era*, Grupo Nelson, Nashville, 2009, 7-21.

gnóstico como un nuevo sistema que pretende adentrarse en las profundidades del yo personal, alcanzando poderes encubiertos de la mente y de la conciencia y el subconsciente con el fin de enseñar al ser humano a autosalvarse y autosanarse por el conocimiento oculto. Así, el hombre debe aspirar a expandir su conciencia en su máximo desarrollo para alcanzar la energía crística. Llegados a ese nivel de superconciencia, los sentidos y la razón dejan de ser necesarios, en cuanto que son limitación para el ser humano, y se esfuman. De este modo, el yo consciente se ve inundado por una nueva luz que le concede la paz y la felicidad que siempre ha anhelado. En realidad, aquí es donde se dan estados alterados de la conciencia y los fenómenos derivados como los éxtasis, viajes astrales, clarividencia, locuciones y todos los tipos de adivinación, magia, espiritismo, etc.

Una peculiaridad de la gnosis es su radical egocentrismo, puesto que su objetivo es el encuentro consigo mismo, implica una interpretación individual de la Revelación mediante el esoterismo, y precisa un recorrido ascendente a través de grados extraordinarios de expansión de la conciencia y de fenómenos místicos de unión con el entorno religioso y el universo.

No se puede comprender esta recuperación de la gnosis de la era de Acuario sin acudir al reavivamiento de la Masonería en nuestros días. «Los masones son denominados enfáticamente Hijos de la Luz, porque poseen el verdadero significado del símbolo; mientras que se dice que los profanos o no iniciados que no han recibido este conocimiento están en tinieblas»[5]. El individuo profano, el no masón, permanece en tinieblas y está necesitado de la luz. Albert Pike, el erudito masónico, habla de esta decepción: «La

---

5. Pike, A. *Morals and Dogma of the Ancient and Accepted Scottish Rite of Freemasonry*, Supreme Council of the Thirty-Third degree for the Southern Jurisdiction of the U.S.A., Charleston, 1950, 814.

Masonería oculta sus secretos de todos excepto los Adeptos y Sabios, o los Elegidos, y usa explicaciones falsas y tergiversaciones de sus símbolos para engañar a quienes solo merecen ser engañados; para ocultar la Verdad -que denomina la Luz- de ellos, y alejarlos de ella. La verdad no es para quienes son indignos o incapaces de recibirla, porque la pervertirían. Así que la Masonería oculta celosamente sus secretos, e intencionalmente desorienta a los intérpretes engreídos»[6]. Pero ¿cuál es la fuente de esta Luz en la que está basada la Masonería contemporánea? Pike responde que en la Cábala o misticismo judío. Al masón se le enseña que, a medida que recibe más luz, crece en perfección, en dignidad personal y en comprensión profunda de la Masonería hasta la aceptación en la Gran Logia superior.

Por ello, la Logia considera que el cristiano es profano o indigno de recibir la Luz en el Oficio. El masón se enfrenta a este dilema: si la Logia tiene la Luz que busca la humanidad, y si Jesús es la Luz, entonces ¿cómo puede ser que Jesús no deba ser mencionado en la Logia, si realmente es la Luz del mundo? Pike habla de Lucifer como el portador de la Luz que ilumina la comprensión del hombre de su Yo Superior o su Yo Divino. El autor masónico Foster Bailey describe la Masonería, no solo como un sistema de moral que inculca la ética más elevada sino como la recuperación de la divinidad oculta del hombre y su exposición a la luz... el poder para lograr la perfección latente en cada hombre.

Actualmente la Masonería en muchos países está llevando a cabo una intensa labor para despojarse de la imagen oscurantista. La realidad es que, desde el principio mismo, el *Aprendiz Aceptado* es mantenido a la sombra con relación al significado pleno de los símbolos del Oficio. No se le ofrece una comprensión mayor hasta que haya demostrado ser digno de recibir verdades más profundas.

6. Ibid., 819.

El masón no solo debe guardar los secretos de la Logia, sino que debe hacer juramentos acompañados de severas penas si alguna vez escoge revelarlos. El autor masónico y masón grado 33 Manly P. Hall dice que «el masón promedio, así como el moderno estudiante de los ideales masónicos, poco se da cuenta de la obligación cósmica que asume cuando comienza su búsqueda de las sagradas verdades de la Naturaleza... Cada masón sabe que un juramento roto trae con él una terrible penalidad... Cuando un masón jura que dedicará su vida a la Masonería y luego contamina su templo vivo... está rompiendo un juramento que impone no horas sino edades de desventura»[7]. El masón está ofreciendo su lealtad al dios panteísta de la naturaleza. Albert Mackey, autor de *Encyclopedia of Freemasonry (Enciclopedia de la Masonería)*, afirma que las penalidades no deben ser infligidas por la Logia sino por Dios.

En cuanto a la salvación propia mediante la iluminación (de la N.E.) los primeros masones siguieron una comprensión bíblica de la salvación y lo que significaba ser un cristiano. Sin embargo, los escritores paganos reescribieron los rituales masónicos y omitieron las referencias a la salvación bíblica de una forma que no ofendiera a nadie de otra religión. Los primeros rituales para el Grado de Maestro Masón eran cristianos en su significado general. Según el Dr. Morey, términos bíblicos como «regeneración», «redención» y «cielo» eran empleadas sin duda alguna.

Marilyn Ferguson, máxima divulgadora de las teorías de N.E. a nivel mundial, en su boletín «Brain Mind Bulletin», el Plan de la N.E. está incursionando en el pensamiento occidental a través de la educación, la religión y la política, con el fin de rentabilizar los trabajos de lo que ella identifica como una poderosa red, sin líde-

---

7. Claudy, C.H. *Foreign Countries: A Gateway to the Interpretation and Development of Certain Symbols of Freemasonry*, Va.: Macoy Publishing and Masonic Supply Co., Richmond, 1971, 11, 68.

res reconocibles, que han roto ciertos elementos clave occidentales e, incluso, la continuidad de su historia. Cuando Marilyn habla en su obra de la conspiración de Acuario, no se refiere a una amenaza o hecho negativo, sino a una llamada a la acción en la salvación del mundo. Esta conspiración salvífica no se adhiere a doctrina política alguna, y se sirve de estrategias científicas y pragmáticas con tendencias místicas para favorecer su aceptación en muy diversos ambientes y contextos socioculturales. El modelo de nuevo mundo se explica en el pensamiento de Theilard de Chardin como una concepción de la humanidad naturalista, individualista y desgajada del marco social, por lo que caminamos hacia la consecución del desarrollo de potencialidades dormidas que nos subliman y nos libran del concepto de bien y de mal, abiertos a un continuo proceso de transformación y trascendencia.

Toda esta hipótesis no constituye algo novedoso. Es manifiesto que los antiguos mitos, arte y ritos mágicos y adivinatorios perseguían idénticos objetivos, atravesando el despertar de la mediocridad intelectual y religiosa del Renacimiento, arraigándose en la gnosis nazi de la raza ascendida y selectiva, hasta llegar al agnosticismo y el ateísmo militante contemporáneos, donde la Era de Acuario se divulga con enorme facilidad por la atractiva apariencia de su negación de catarsis personal.

Desde los planteamientos de la N.E., el psicoanalista Carl Jüng propone la unión intuitiva de una mente que desvela los patrones de realidad con el concepto de inconsciente colectivo o memoria en un espectro simbólico-universal. Para ahondar en su hipótesis, publica su obra «Process and Reality» (1929) en la que describe la realidad fuera de lo tangible, proveniente de un flujo interior en un contexto mental. Al mismo tiempo, pensadores como A. Huxley con sus estados alterados de conciencia y la curación mediante esoterismo y ocultismo; David Riesman y su inconformismo social; Gardner Murphy y los nuevos campos experimentales; Pauwels y Bergier y su obra maestra «El retorno de los brujos»; McLuhan y su aldea global ligada a la expansión de conciencia colectiva, y muchos otros representantes más entre sociólogos, científicos, filósofos, escritores, políticos, teólogos, médicos, y psicólogos, han ido conformando la mística holística de la espiritualidad acuariana, desprovista de toda ascesis que exceda la mera experiencia individual supra sensorial, cuyo esfuerzo máximo será concederse a sí mismo el permiso para acceder a ella, desligándose de toda vida y personas incluidas en su anterior existencia.

Las etapas requeridas para la sublimación de la conciencia, que suelen describirse en tres momentos: experiencia de iniciación o vía de acceso, integración o identificación con el Misterio mismo y la conspiración o paso a la acción propiamente dicha, momento en el cual la conciencia sobre uno mismo alcanza su máximo potencial. El modelo de nuevo ser humano es identificado plenamente por Ferguson con el ideal de ciudadano norteamericano que, en palabras de Fiedler se define como sigue: «ser norteamericano consiste precisamente en imaginar el destino, no en heredarlo. Siempre hemos habitado más en el mito que en la historia»[8]. Los instrumentos o herramientas de transformación son innumerables y en creciente surgimiento y recuperación del espectro mítico ancestral, tales como el aislamiento sensorial, *feedback y biofeedback*, ampliación de conciencia, sufismo, autoayuda, hipnosis y meditaciones paganas, runas y derviches, control mental, viajes astrales, constelaciones familiares, Teosofía, psicoterapias, experiencias colectivas, ufología, entre cientos de recursos más. En realidad, este nuevo paradigma acuariano pretende la transformación del poder y la política, el mundo de la salud, el mundo educativo, el espiritual y las relaciones interpersonales. En este nido, el Planeta Tierra

---

8. Ferguson M. *La Conspiración de Acuario. Transformaciones personales y sociales en este fin de siglo,* Kairós, Barcelona, 1985, 159.

se personifica y encumbra al centro de irradiación de acciones, de modo concéntrico, desde el cual y para el cual puede ejecutarse el flujo transformador mundial. Un buen expositor del mensaje acuariano es E. Barrios, en «Ami, el niño de las estrellas» declara: «Comienza la Nueva Era, la era del amor y la alegría, bajo el signo del aguador. Y la oscuridad queda atrás para siempre. No estarán aquí las familias atrincheradas unas contra otras, porque la conciencia lleva a la unidad y a la comunión… En justicia y paz vivirá mi pueblo, y guiado por sus hermanos mayores ha de llegar a las estrellas». Añade que no se pide castidad a las almas limpias, sino solo verdadero amor, responsabilidad y honestidad, como utilización sana y natural de la Sagrada Fuerza Asexuada, sin distinciones entre lo masculino y lo femenino. Finalmente, explica cómo servir al Amor, alcanzar una nueva conciencia planetaria, la construcción del templo, sentir el dolor de la Humanidad y sintonizar su mente con la armonía superior.

El devenir de Acuario introduce la idea de una nueva generación de niños y jóvenes que son los portadores de la nueva conciencia y visión cosmogónica que redime a la humanidad de su sufrimiento y mediocridad. Son los conocidos como *Niños Índigo*, cuyo nombre se debe al color añil del aura, purificada y elevada por encima de todos los no iluminados, aunque, según las divulgaciones de la Fundación IN-DI-GO las auras están adquiriendo tonos pasteles rosados, superiores. Moliterni describe a estos niños como inadaptados a las convenciones, superiores en el ámbito sensorial, intelectual y espiritual, excepcionales metabolizadores de energía pura del universo, catalogados como hiperactivos o niños problemáticos por el sistema educativo convencional, motores y protagonistas del cambio de la N.E. Algunas de las características de estos niños se identifican convencionalmente con trastornos de atención (TDAH) o con actitudes de rebeldía, tales como el *síndrome del emperador*, y desobediencia a la autoridad, sin embargo, desde la N.E. ambas características no son sino signo de honestidad y autenticidad superiores a la media poblacional. En cuanto a su alta autoestima, ausencia de sentimiento de culpa, baja resistencia a la frustración, temores frecuentes (especialmente a la muerte), asociabilidad (excepto entre *Índigos*) e incapacidad para asumir normas básicas como respetar su turno o seguir instrucciones en grupo, son elementos de creatividad extrema y conciencia ascendida, por lo que, consecuentemente, cualquier intento de terapia o de estudio psicológico que se les aplique para reconducirlos como personas serán consideradas medidas represivas. Serán ellos los que se ocupen de librar a la humanidad de su incoherencia y su egoísmo y guíen hacia la gran iniciación mundial.

En este grupo de privilegiados gnósticos surge la generación heredera y sucesora de los *Índigo*, los conocidos como *Niños Cristal*. Ambos grupos comparten características tales como las que siguen: son más sensibles que la media; son más perceptivos, hasta psíquicos; tienen un importante propósito de vida global; son congruentes entre corazón, mente, palabras y acciones; perciben la falta de integridad y honestidad; son extremadamente apasionados por la vida, el amor y la justicia; de jóvenes y adultos tienen un sentido agudo de servicio y ayuda humanitaria; por naturaleza, no juzgan; en general, tienen un alto sentido del humor; necesitan agua, naturaleza, arte, ropa de fibra natural, ejercicio físico y un entorno seguro tanto física, como emocional, psíquica y espiritualmente; requieren de la presencia en su entorno inmediato de adultos emocionalmente estables. Sin embargo, según la Doctora Norteamericana Doreen Virtue, existen también diferencias relevantes entre los *Índigo* y los *Cristal*. Los niños de la generación *Cristal* se benefician de la apertura lograda por la generación Índigo. Los Índigo empezaron abriendo caminos, cortando todo lo que no tenía integridad y ahora los *Cristal*, construirán paz en un mundo más seguro y abierto al Nuevo Orden, construyendo nuevas personalidades con energías psíquicas, liderando a través del ejemplo, muy tranquilos, espirituales, sensibles, pacificadores, telepáticos, amables, introvertidos, integradores de las 12 leyes de la inteligencia espiritual, huidizos ante la confrontación, vulnerables y susceptibles frente a alergias e intolerancias. Esta tipología personal a menudo es diagnosticada en Autismo y Asperger, lo que sus defensores atribuyen a la cerrazón de psicólogos, educadores y familias para aceptar la sobrenaturalidad de estos niños ascendidos en conciencia y conexión energética. Teniendo en cuenta que ninguna de estas hipótesis sobre niños *Índigo* y *Cristal* ha sido objeto de comprobación científica, puede mantenerse como ejemplo concreto y plausible de una de las múltiples formas de Gnosis.

Para concluir la información sobre la Gnosis como pilar ideológico de la N.E. citaremos a la propia Blavatsky en su obra «Isis sin velo», que presenta el cristianismo originario como una luz divina que disipó el paganismo perdurando hasta la irrupción de la ciencia que ilumina la ignorancia, por lo que ambos hitos habrían constituido el progreso moral e intelectual de la raza humana, superando el embrutecimiento antiguo, proponiendo una superioridad moral y el acceso de cualquiera a conocer la voluntad de Dios y su salvación en la palabra revelada. Blavatsky expone estos planteamientos para, de inmediato, denunciar la materialización de un clero corrompido en un férreo dogmatismo, la proliferación de sectas, el monoteísmo de las tres grandes religiones, la hipocresía de los feligreses y el puritanismo dominante. De forma simultánea denuncia a la ciencia, por no demostrada, y denosta al vicario de Cristo en Roma, por manipulador y controlador en busca de poder. Así, Helena presenta una lucha entre Ciencia y Teología como asunto superado y a superar por parte del género humano, y a lo cual se enfocará la Teosofía, de la mano del platonismo, aglutinador de todas las filosofías védicas y padre de todas las contemporáneas. Para Helena, toda la sabiduría esotérica, procedente de maestros ascendidos, revelada a los antiguos, espiritista y mágica, fue acallada por la razón y la religión cristiana, y es la culpable de la noche en que vive la humanidad. Todo ello supone un regreso al panteísmo, el ocultismo, el politeísmo, el animismo, la hechicería, la brujería, el druidismo y todas las mitologías antiguas. Ya no se proponen ritos sacrificiales, excepto en los cultos satánicos, para confabular la voluntad de los dioses, pero sí desbordan los ritos iniciáticos y mágicos los centros de N.E. como una nueva forma de la misma esencia deísta de los antiguos.

Sincretismo religioso y la Nueva Religión Mundial

Por sincretismo religioso se entiende la presunción de conciliar doctrinas o creencias religiosas diferentes igualando todas las religiones. En el sincretismo todos los textos y personajes sagrados son parte de una progresiva revelación cósmica, de modo que esas personas especiales como Jesús, Buda, Mahoma, Lao-Tse, Zoroastro, entre otros, no son sino seres que han alcanzado una iluminación total y participan de una conciencia cosmológica universal que los une en espíritu, liberados de la materia, al más puro platonismo antiguo, tan reivindicado en la Teosofía.

Uno de los éxitos del sincretismo es que pregona una edad de oro para toda la humanidad dirigida por una aceptación armónica y pacífica de toda creencia, siempre que no sea dogmática. Se potencia cómodamente desde la Masonería y la Teosofía. Se considera que el dios masónico, *el Gran Arquitecto del Universo* (EGADU) está por encima de todos los demás dioses. Según Albert Pike, todas las personas, independientemente de su orientación espiritual, pueden unirse bajo el *Gran Artífice del Universo*. Todo lo incluye y todo lo abarca. Pike afirma que la Masonería es la unificadora de todas las religiones, y que «el cristiano, el hebreo, el musulmán, el brahmán, los seguidores de Confucio y Zoroastro, pueden reunirse como hermanos y unirse en oración al único dios que está por encima de todos los Baales».

La Masonería encarnada en la Teosofía, se ha convertido en la unificadora de todas las religiones. Uno de sus intérpretes, Foster Bailey, ocultista y masón grado 32, dice que la Masonería es la heredera de una religión enseñada directamente por parte de las divinidades antiguas, es decir, la primera religión mundial.

El sincretismo actual de la N.E. tiene también su origen en la síntesis gnóstica de Acuario, según el cual, las siete escuelas de Yoga están en la gnosis de manera sintética y pragmática, la ciencia secreta de los sufíes y derviches, la doctrina secreta del budismo y del taoísmo, la magia sagrada de los nórdicos, la sabiduría del Corán y de la Biblia. Para justificar la inclusión de Jesucristo en la Gnosis, lo presentan como un esenio, discípulo de dos rabinos que estudió la sabiduría hebraica, se inició en Egipto como masón y estudió en la pirámide de Kefrén, viajó por India, Tíbet, Caldea, Persia y Europa, y adquirió una conciencia mesiánica congruentemente con su conciencia superior excepcionalmente iluminada. Jesús, así, estableció una Santa Iglesia Gnóstica a la que pertenecieron los apóstoles y los Padres de la Iglesia como S. Jerónimo y S. Agustín, la posterior es, pues, una Iglesia adulterada.

Los maestros de la Jerarquía Celestial son los privilegiados purificados y ascendidos que asesoran y sirven a Maitreya, definitivo mesías, y que transmiten su iluminación y conciencia ascendida a todos cuantos accedan a ella mediante las técnicas de sublimación personal. Un elemento decisivo del sincretismo es la desvinculación de la persona del encuentro con un dios amoroso que es Alguien y no algo o simple energía. La consideración del Misterio como Energía desprovee al ser humano de la posibilidad de la alianza y la amistad. Por otra parte, anula de inmediato conceptos como el perdón, la misericordia, la caridad, en tanto en cuanto cada uno carga con su *karma* y se busca su propio camino de purificación.

Además, la visión sincrética de la fe religiosa equipara morales y éticas contrapuestas e incompatibles en su raíz. Solo es necesario realizar un sencillo movimiento intelectual y dialéctico de negación de todo cuanto impida esa unión. El pecado es consecuencia de la ausencia de iluminación, con lo cual, de poco o nada sirve el esfuerzo y el arrepentimiento, puesto que estamos exculpados por estar carentes de conexión cósmica. En este sentido, el hecho de la resurrección se relega a una reencarnación última de un ciclo por haber alcanzado la pureza completa, o bien, un momento privilegiado de conciencia total de su naturaleza ascendida, cada milagro de Jesús es una curación por contacto con la *Energía Universal* y la expulsión de demonios una limpieza energética.

En la misma línea de utilización de terminología y conceptos cristianos dentro de la N.E. se identifica el sincretismo con el ecumenismo y el diálogo interreligioso. Bernard Franck introduce otra dimensión del sincretismo que afecta al plano psicológico y espiritual, definiéndolo como una actitud con la que todo puede ser aceptado y asimilado sin crítica ni verificación. Toman principalmente préstamos del hinduismo, budismo y cristianismo y, de la psicología, admiran a Theilard de Chardin y a Jüng. Entre los teólogos se referencian en otros como Leonardo Boff, defensor de un sincretismo cristiano primitivo, y Anthony de Mello, que enseña la búsqueda de una iluminación sin conversión ni encuentro personal con el Dios Trinitario, sino en fusión y desintegración con un dios energía panteísta, en donde Jesús no ha resucitado sino que solo ha alcanzado la superconciencia de los Maestros ascendidos. En este sentido, el hinduismo introduce la «teocrasia» en la N.E., o intercambiabilidad de varios dioses en su identidad.

Desde estos supuestos se comprende cómo está arraigada esta actitud sincrética en las conciencias de las nuevas generaciones. En 1948 Alice Bailey ya proponía sus bases sobre las que edificar las verdades comunes, podría concretarse en una expresión *giro antropológico*, heredero de Sócrates, y actualizado en la necesidad de que la religión sea vivencia, y no solo rito, experiencia personal y no exclusivamente tradición y costumbre. En palabras de Consuelo Martín, discípula de Krishnamurti, «la vida religiosa es la expresión del descubrimiento de la Verdad...ir una y otra vez a lo interno, lo que realmente soy, volver al origen de todo es el camino religioso»[9]. Añade que «la nueva religión es la auténtica, bella, integración de lo disperso y creadora»[10]. Considera la oración algo necesario cuando uno no está despierto, cuando vive desconectado, algo innecesario cuando la persona está en armonía creadora, libre de convenciones, porque la existencia ya es sagrada en sí y lo divino no es algo a descubrir sino el trasfondo de la vida diaria, ya que el reino de los cielos es el reino de los despiertos.

La noción de *despertar* es un regalo del budismo a la N.E. Se concibe como el cumplimiento de la superación de sí mismo en la ascensión de la conciencia que coincide con el todo. Es el nirvana, cumplimiento de la anulación de todo deseo, sin embargo, los *newagers* transforman ese despertar en la consecución de sus máximos y más esperados deseos, acercándose más al hinduismo, de modo que ese deseo supremo consiste en la conexión perfecta con la *Energía Universal*, fuente de toda vida consciente. Es éste un buen ejemplo de contradicción, entre muchos otros, que es aceptado sin objeción alguna, asociado al principio del yin-yang y de modo irreconciliable con la lógica clásica de los principios de identidad y no contradicción.

Siendo una de las señas de identidad de la Nueva Religión Mundial el rechazo a las religiones monoteístas por dogmáticas, parece interesante analizar el lugar que ocupa el islam en esta Era

---

9. Martin, C. *Lo verdadero y lo falso en religión*, Mandala ediciones, Madrid, 1991, 7.
10. Ibid., 12-13.

de Acuario. Mientras que aparecen escritos que evidencian el deseo de aniquilar el cristianismo, no sucede así con la opinión hacia la fe en el Profeta a pesar de la unión musulmana de la ley religiosa y la ley civil o la desconsideración hacia la mujer, como ejemplos. Desde el islam, la N.E. parece irreconciliable con su doctrina, sin embargo, desde la N.E. el islam favorece la disminución del cristianismo y la oposición que éste supone para el Nuevo Orden Mundial. El islam mantiene una relación con dios mediante rituales mecánicos sin necesidad de comprender el Corán, solo de recitarlo, mientras que el judío y el cristiano anhelan un encuentro personal con un Dios amante. Según Hashim Cabrera, la capacidad de los musulmanes para reconocer la grandeza creadora de Dios les permite compartir la dimensión cósmica acuariana, identificando la Luz de la iluminación con la sabiduría de Alá, rechaza el sincretismo por contrario a la misma pero, al mismo tiempo, afirma que «Todas las tradiciones y prácticas que nos ayudan a recobrar la flexibilidad interior, las disciplinas que nos conforman como seres humanos más sanos y despiertos, equilibrados en un espacio mestizo e intermedio, son bienvenidas, adoptadas como herramientas de nuestra praxis intelectual y espiritual, pero aquellas otras que no nos aportan sino consuelo transitorio, más velos y más olvido, las desechamos por aburridas e inútiles»[11]. Atendiendo a un ex-imán bautizado en el catolicismo, Mario Joseph, Alá es un dios distante e inescrutable a quien se le deben pagar las deudas, es injusto y arbitrario porque nadie conoce por qué no todos alcanzan el paraíso, los hombres son sus esclavos y niegan cualquier encuentro personal con él. El islam no exige la transformación de la vida personal, sino la justificación por las obras, aunque vacías

---

11. Cabrera, H., «El Islam y la Nueva Era: Energía cósmica y vida espiritual» <http://www.webislam.com/articulos/40740-el_islam_y_la_nueva_era_energia_cosmica_y_vida_espiritual.html> [Consulta: 27/02/2017]

de significado porque Alá no ama a los pecadores sino a los que le temen y favorece la construcción de amos altivos. Los musulmanes desconocen el amor de Dios y consideran a Jesús un gran profeta, lo que facilita la inserción en el sincretismo de la N.E., en el que Mahoma es la culminación de la Revelación. Además, la creencia mágica en torno a la *Kaaba* facilita dicha cercanía.

Modelos de dios en la Nueva Era: ateísmo, politeísmo y panteísmo

Describimos a continuación cuáles son los conceptos de dios asumidos por la N.E.:

Modelo ATEO. No existe dios y no hay un creador divino, sólo cuenta la evolución. Ninguna deidad puede salvar al hombre puesto que el amor y la condenación eternas son falsas y dañinas. Por ello la ética y la moral son autónomas y relativas, no necesitan de aprobación teológica ni ideológica, y la razón y la inteligencia son los instrumentos más efectivos que posee la humanidad.

Modelo POLITEÍSTA o adoración a todos los dioses -y deidades menores y angélicas- que se han conocido y utilizado en la historia de las religiones, pero fundamentalmente los de origen egipcio e hindú (Pan, Shiva, Lucifer, Isis -muy popular en movimientos feministas, masones y ecologistas-).

Modelo PANTEÍSTA, por el cual dios es energía impersonal. La palabra panteísmo viene del griego πᾶν, (pan), que significa *todo*, y θεός (theos), que significa dios; así la afirmación del término resultante es: *todo es dios*. Esta creencia se sustenta en un sofisma, que es el siguiente: «si dios es infinito, y por lo tanto ilimitado, no es posible que nada se encuentre fuera de su ser, y por ello formamos parte de él y en tanto es así, somos él mismo». El panteísmo puede ser considerado como una ideología filosófica o una concepción del mundo que aporta un nexo de unión entre diferentes religiones. Fundamentalmente se diversifica en dos variantes: *acosmismo*, que considera a la realidad divina como la única verdadera y a ella se reduce el mundo que es emanación, desarrollo o teofanía; *panteísmo ateísta*, por el que el mundo puede ser concebido como la única realidad verdadera y dios es su unidad, un principio orgánico de la naturaleza o autoconciencia del universo. Shirley MacLaine, la conocida artista norteamericana, exponente importantísimo de la N.E., aparece en una filmación frente al mar cantando: «Todo es dios... Yo soy dios, yo soy dios, yo soy dios». De esta creencia, se deduce que yo también soy dios o puedo llegar a ser dios.

Neo-paganismo de antiguas religiones: esoterismo, curación por energías, espiritismo, magia, adivinación, idolatría y superstición.

La N.E. recupera el antiguo paganismo de religiones y creencias ancestrales para presentarlo como una verdad escondida y trascendente que las religiones institucionales y monoteístas han ocultado por temor a perder el control sobre la conciencia y la moral de las sociedades actuales. Las prácticas que promueve, aunque antiquísimas, aparecen así ante los ojos de las personas como una gran novedad liberadora. En este sentido, el esoterismo es la cesta en la que se incluyen muchas de las restantes creencias. La N.E. proviene del espiritismo, pero también lo incluye y lo fomenta. El término griego *esotéros*, guía a sus elegidos en un viaje de descubrimiento interior del yo que acaba coincidiendo con su propia salvación.

Desgranando las caras diversas del esoterismo, es necesario dar comienzo por el ocultismo, por el cual el hombre pretende conocer y controlar las potencialidades y energías ocultas dormidas en su interior, de modo que pueda llegar a dominar las fuerzas e influencias secretas externas a él mismo. Algunas de sus prácticas más extendidas y normalizadas en nuestra sociedad son la astrología, la cartomancia, el espiritismo, el tarot, y otras de similar identidad. A pesar de que, en el pasado, el ocultismo se asociaba mayoritariamente al satanismo, la mayoría de los cultos de la N.E. reconoce el ocultismo como concepción monista del mundo por la que solo existe una única realidad última y subsistente a la que conocer y acceder mediante estas prácticas. Por otra parte, el espiritismo, ahora llamado *canalización* y hasta *espiritualismo*, es la práctica de contactar con espíritus. Según sus adeptos, con quienes contactan es con ángeles de luz o maestros espirituales.

La superstición, en cambio, se dedica a realizar ritos, acciones y a esquivar otras con el fin de evitar el poder de las fuerzas ocultas a las que teme enormemente. Dentro de ella se enmarca la Astrología, en tanto que los astros deciden y definen las decisiones de quienes ponen su confianza en ello.

En la adivinación se pretende conocer el futuro para poder actuar de acuerdo con un determinado destino. En esta línea va el curanderismo. En la idolatría se pasa a considerar como dioses a personas o cosas que se suponen superiores, y con las que se quiere uno identificar. En este fetichismo se cae en una tremenda superstición de pensar que un objeto favorece los asuntos personales y que, por ello, tienen un resultado positivo. Además, la Idolatría se ha estado introduciendo por la vía de las curaciones por contacto a través de la llamada *Energía Universal*.

Bajo estos grandes paraguas se agrupan innumerables prácticas que día a día van en aumento. Mencionando las más importantes: Control Mental Silva, Sofrología, Meditación Trascendental, Reiki, Yoga (Kundalini, especialmente), Astrología, Quiromancia, Curación por cristales, Curación con piedras, Videncia, Futurología, Viajes astrales, Hipnosis, Tarot, Runas vikingas, Ufología, Brujería, Wicca, Magia negra y blanca, Santería, Vudú, el Macumba, el Shangó, *Channeling*, Satanismo, Guruísmo, Teorías y técnicas psicológicas de Jung, Eneagrama, Cienciología-Dianética, Lifespring, Druidismo y, en general, la mayoría de los ritos de culturas prehistóricas y precolombinas.

En las tesis del jesuita Blanco, la Ufología pertenece también al grupo de creencias y supersticiones de esta corriente. Describe la jerarquía de los habitantes interplanetarios según el planeta que habitan. Menciona, además, a dios como al origen cósmico y lo sitúa en la morada solar. Su concepto de negación del mal espiritual ya que dios es todo bondad, su descripción de los viajes de los espíritus cuando se encarnan y atraviesan la línea de la luz, y de cómo sufren por ello y dictan su enseñanza a los espiritistas y mediums.

El surgimiento del hecho religioso se sitúa en la necesidad de dar respuestas a preguntas sobre el sentido de la vida. Es un hecho inseparable de la vida humana y la cultura de los pueblos. Desde época primitiva son tres factores los que les hacen buscar el Misterio, la Divinidad, la seguridad de que alguien va a cuidar de ellos: el nacimiento y la propagación de la especie, la supervivencia en medio de constantes amenazas (animales y fenómenos naturales) y la realidad de la muerte. Al mismo tiempo, el hombre primitivo desarrolla una incipiente percepción de la divinidad, de la que derivan todas estas creencias de la N.E. Los fenómenos atmosféricos rigen gran parte de su suerte ya que determinan la caza, la recolección y, posteriormente, la agricultura. Por su incapacidad para comprender las leyes físicas naturales que los rigen, recurren a la divinización de elementos naturales como el sol, la lluvia, el viento, la luna, esperando su ayuda y protección y rogando que alejen su castigo, de todo lo cual, es factible encontrar numerosas muestras. Ejemplo de esto son restos como los de Stonehenge y las teorías sobre su uso funerario o en aras de la fertilidad o las cuevas en Menton, Francia, o la Sima de los huesos en Atapuerca, España, donde se aprecia el respeto por los muertos, una leve percepción de la sacralidad de la vida humana y, tal vez, un incipiente signo del respeto por los semejantes aún inertes, como base de una futura consideración del ser humano como persona. La Venus prehistórica del Golán, de 250.000 años antigüedad, muestra el asombro ante la vida nueva y, entre las deducciones sobre el porqué de las pinturas rupestres, encontramos argumentos por los que se piensa que se hacían para favorecer la caza, por venerar a animales endiosados y también para alejar de los cazadores los malos augurios.

A medida que evoluciona el pensamiento y la percepción de la realidad que le rodea a base del proceso experiencia-aprendizaje, el hombre primitivo se da cuenta de que las fuerzas de la naturaleza no responden como dioses, y complica su percepción de lo divino dando forma a lo que conocemos como religiones desaparecidas tales como la sociedad Mesopotámica, próspera hacia el 2000 a. C., que completa el desarrollo de la Astronomía hacia la Astrología y el politeísmo surcado por la práctica frecuente de sacrificios humanos y de sangre animal en los zigurats, para lograr0 lograr beneficios, o bien, evitar castigos en los zigurats. Resulta de interés considerar que es una pseudociencia que pretende descifrar la influencia determinante que, supuestamente, tienen los astros sobre los seres humanos. Se basa en la creencia errónea -quizá por su antigüedad (5.000 años)- de que la tierra es el centro del universo y está rodeada del Zodíaco. Posteriores hallazgos en astronomía -como el de nuevas constelaciones, la n°13 y la n°14 que no están contempladas en esta pseudociencia- hace que los cálculos de fechas de los llamados signos zodiacales sean erróneos. En el mismo sentido, la egiptología, ya mencionada en boca de representantes masones actuales de relevancia, despierta una especial atracción en nuestros días, y sirve de vía eficaz de penetración para la N.E.

En cuanto al Poder Mental-Metafísica, abarca en la N.E. un rango bastante amplio que va desde el Control Mental y la Sofrología, hasta el desarrollo de poderes mentales, pasando por la Metafísica de la venezolana Conny Méndez, (que nada tiene que ver con la rama de la Filosofía del mismo nombre). En el Control Mental Silva y en algunos cursos de Sofrología, por ejemplo, hay elementos inocuos que se enseñan que son también útiles, como pueden ser las reglas nemotécnicas para aumentar la capacidad de memoria y ejercicios para aumentar la inteligencia o para facilitar el aprendizaje. El problema reside en que estos cursos pretenden, además, desarrollar otras facultades, como pueden ser, la telepatía y la telequinesia. Se dice esto del Control Mental Silva: «su sistema... guarda semejanzas con algunas técnicas esotéricas... pero se presentan con naturalidad, en una manera no mística, lo que les merece una gran consideración por parte del público».

Es el mismo presupuesto de la Meditación Trascendental y se enmarca en las técnicas de curación por la llamada *Energía Universal* cuyo éxito brota de la presentación de un método esotérico o religioso pagano disfrazado de método científico.

En cuanto al Poder Mental propiamente, éste pretende ser una facultad de la mente humana para desarrollar en el hombre la posibilidad de lograr lo que anhela con tan solo desearlo, proponérselo y decretarlo. Se utilizan técnicas desarrolladas expresamente para ello.

Una mención particular merece la técnica del *Mindfulness*, enormemente divulgada en la actualidad en todo tipo de entornos, especialmente en empresas y centros educativos, también católicos. El éxito de su inclusión en estos y otros medios se debe a la utilidad que parece ofrecer de cara a la concentración, la memoria y la potenciación del desarrollo de la capacidad intelectual y la inteligencia emocional. Sin embargo, aunque se desvincula de la actividad religiosa y confesional, parte de la Meditación oriental e incluye en su práctica la pronunciación de mantras y la adopción de posturas de Yoga.

También entre las prácticas más extendidas y arraigadas en nuestros días está el grupo de técnicas englobado bajo el epígrafe de *Curaciones por contacto a través de la Energía Universal*. Su gran aceptación se debe, en gran medida, a su fácil accesibilidad en centros de fisioterapia, de recuperación funcional, y socioculturales que ofrecen talleres y cursos para todos los públicos. Su base ideológica sostiene que ciertas personas entrenadas que han elevado su nivel de consciencia y se han conectado con la energía cósmica, latente y vibrante en todo el universo, están preparadas para ayudar a otros a obtener curaciones de sus males físicos, psíquicos y anímicos, abriendo sus puntos de energía, según el concepto hindú de *chakras*. Contactando con las manos al enfermo, se estimulan los mismos, equilibrando la energía de su organismo y logrando la autocuración.

El Kundalini Yoga aporta la base espiritual e ideológica para todas las técnicas de curación por contacto con energías de la N.E. En el hinduismo y budismo se le conoce como Yoga de *la salvación a través de la serpiente*. El hinduismo enseña que en la base de la columna vertebral existe un triángulo donde reposa el *Kundalini Shakti* (Poder de la Serpiente) que usualmente se encuentra dormido, pero que cuando se despierta fluye a través de la columna hasta la cabeza, pasando por los seis centros de energía o *chakras*, siete para la Teosofía... Mientras pasa por cada *chakra*, se recibe una experiencia psíquica y de poderes. Cuando se llega al *chakra* superior, se obtiene el *poder de realizar milagros*.

Conviene agregar que, en realidad, todos los ejercicios de Yoga persiguen el despertar de la Kundalini, o serpiente enroscada y adormecida en la base de la columna y que, a su vez, desvelará todo el poder escondido en cada uno de esos centros de energía, logrando así la iluminación del sujeto en el último *chakra*. Kundalini, según el hinduismo, es la *Shakti*, el *Poder Universal*. Uno de los *chakras* que supuestamente hay que abrir para realizar estos milagros es el número 6, tercer ojo o el ojo divino (ser como dios) que permitiría ver imágenes del pasado, del presente y del futuro de todo ser y de toda cosa, para conocer los secretos de los cielos y de los sitios astrológicos..., convirtiéndonos, por tanto, en sobrehumanos. Sin embargo, los propios escritos del curso de nivel III de Kundalini advierten que «Cuando ese fuego sube demasiado rápido a lo largo de la columna vertebral, el sujeto puede enloquecer...»[12].

Una mención especial merece el Reiki, tanto por su rápida extensión y aceptación en nuestro país, como por las consecuencias que manifiestan sus seguidores. Según uno de sus manuales, el término Reiki, en lengua japonesa, indica la energía vital que en todo y todos prevalece. Rei se identifica con lo Universal e ilimitado. Ki, con lo viviente; energía, radiación, campos magnéticos, etc. Explica el texto que las leyes cósmicas regulan con precisión el perfecto equilibrio y movimiento en el que se mueve el cosmos, y que el Reiki nos permite equilibrar conscientemente la energía personal con aquel, mediante una comunicación activa que recibe, canaliza y transmite la energía en todos los planos para lograr los máximos beneficios. Igualmente, explica que es una disciplina muy poderosa, tomada de los antiguos métodos de sanación del Antiguo Oriente, divulgada desde 1923 por un monje budista japonés estudioso de la Biblia, Usui, que ha dado pie a otros métodos derivados tales como Karuna, Tibetano y Universal.

Los seminarios se subdividen en tres grados. En la práctica avanzada, se adjudican determinados símbolos japoneses a los discípulos con los cuales se identificarán. Los símbolos son la esencia y la fórmula de Reiki, las claves para la utilización y transmisión de este sistema terapéutico... son la fórmula que Usui encontró en los Sutras. Puede despertar interés el hecho de que, a menudo, los iniciados que completan la alineación del nivel I tienen visiones de símbolos que desconocen y que son capaces de trazar, los cuales acaban identificándose con los símbolos Reiki, en el nivel II, que son útiles para invocar diferentes potencialidades con solo

---

12. *Apuntes Curso Nivel III.* https://www.reikientuvida.com/curso-reiki-nivel-ii-barcelona-informacion-completa-2/ [consulta: 10/10/2017]

imaginarlos mentalmente. En cuanto a los sanadores o maestros, se les asigna un espíritu-guía, como los seres ascendidos de los que hablan otras disciplinas, que se hace presente en las sesiones y orienta la nueva vida de la persona. A menudo, se identifican con santos católicos, y testimonian tener a su alrededor a muchos espíritus mientras realizan las sanaciones, incluso la persona objeto de la técnica puede apreciar muchas manos sobre su cuerpo o físicamente en la sala. Otro dato interesante es que se mencionan en el manual otras prácticas de brujería como la Wicca, de modo compatible con el Reiki. El manual de Stein finaliza provocando en el lector el deseo de alcanzar el grado III de maestría, en el que se despertará la energía Kundalini. No pueden obviarse los numerosos testimonios tanto de personas que manifiestan su curación, como de quienes han padecido sus consecuencias negativas. Especialmente significativo es el testimonio de quienes abandonaron esta práctica y necesitaron ayuda de exorcistas, así como de sus usuarios en hospitales y consultas médicas.

Una técnica extendida es el uso del péndulo para diagnosticar el estado de apertura de los *chakras* de una persona y favorecer su desbloqueo para el buen fluir energético.

En cuanto a las prácticas adivinatorias, la N.E. acoge favorablemente innumerables formas de averiguar acontecimientos futuros. Si no es posible clasificarlos rigurosamente sin excluir ninguna práctica, se debe a que se están innovando y recuperando de tiempos antiguos constantemente; por ello, se mencionarán aquí las que cuentan con mayor popularidad y difusión.

Comenzando por el Feng-Shui (literalmente, viento y agua) basada en el conocimiento de fuerzas terráqueas y atmosféricas en búsqueda permanente del equilibrio de las energías entre la fuerza divina que corre entre cielo y tierra y los seres animados e inanimados. El dios Chi puede castigar y estimular a sus seguidores, ante lo cual, estos deben armonizar sus viviendas disponiendo sus alcobas, muebles, enseres y decoración de un modo tal que no interfieran en el fluir de las fuerzas y aplaquen al dios Chi, de todo lo cual depende su estabilidad emocional, prosperidad, salud y salvación. El I Ching es un libro oracular chino cuyos primeros textos se suponen escritos hacia el 1200 a.C. Es uno de los Cinco Clásicos confucianos. Significa *libro de las mutaciones.* Basado en el principio taoísta del yin y el yang, pretende describir la situación presente de quien lo consulta, así como predecir la resolución de su futuro siempre y cuando adopte la postura correcta. Tiene una identidad cosmogónica, filosófica, moral y adivinatoria, semejante en mucho al Tarot.

El Tarot, aunque su origen es objeto de las más diversas teorías, tiene una clara identidad adivinatoria y ocultista. Llegara a Europa de manos de los gitanos de Asia, o fuera creación medieval, las tiradas inquisitorias sobre el futuro a los arcanos mayores y menores se han convertido en una de las prácticas más fraudulentas y comunes que pueden encontrarse en los medios de comunicación de nuestros días.

Por su parte, las Runas vikingas han adquirido gran popularidad debido al retorno a la religión de Thor. Se trata de tiradas de adivinación, pero no del futuro sino de conocimiento del yo que ayude a orientar las decisiones personales; (recordemos que Hitler y el nazismo asumieron algunos de sus símbolos y significados, como el símbolo de la runa *fehu* duplicado de las SS).

La Quiromancia, o predicción del futuro leyendo las líneas que hace la piel en la palma de la mano, totalmente ligado a la idea de la predestinación; la Cristalomancia, a través de una visión que se muestra solo al vidente en una bola de cristal; radiestesia, con una horquilla de madera usada por el zahorí para localizar fuentes de agua subterránea o metales preciosos; la numerología, que desvela el futuro con el valor simbólico de cifras y letras; la clarividencia y la clariaudiencia, que perciben nítidamente la información sobre el futuro, ya sea mediante una visión, ya sea mediante un mensaje auditivo, respectivamente; la Oculomancia, como las anteriores pero fijándose en el globo ocular; Taseografía, que interpreta la disposición de las hojas de té en el fondo de la taza tras ser ingerido, como los posos del café; Psicometría o facultad de obtener impresiones de un objeto físico y su historia; *Scrying* o adivinación usando un cristal, espejos, platos de agua, tinta o fuego para inducir visiones. Y, como dato contradictorio la N.E. ampara igualmente la defensa animalista y el oráculo de sacrificios cruentos grecorromanos sobre vísceras animales revestido de la estética actual.

Brujería, hechicería, fetichismo y santería

Históricamente presentes en Latinoamérica, Asia, África, y ahora revitalizadas y más difundidas a través de la N.E., la brujería y la hechicería incluyen ritos paganos para tratar de controlar el futuro y la vida de los demás, vengarse de los enemigos o protegerse de hechizos, intimidar a personas y lograr poder sobre otros conminando a las fuerzas ocultas, conocidas también como espíritus malignos o demonios. En este proceso puede llegarse a infringir enfermedades, peligro físico y, en general, circunstancias muy adversas para las víctimas. En esos medios se habla de la magia blanca, que supuestamente se hace para lograr un bien personal, alejar los malos espíritus, conjurar la mala suerte o librar de maleficios, invocando a las fuerzas de la naturaleza y los espíritus; y se recurre a la magia negra para causar daño a alguien a quien se quiere perjudicar, conciliando los malos espíritus mediante prácticas secretas. Sin embargo, esta diferencia es meramente formal ya que, aunque con la llamada magia blanca se persigue un supuesto bien, el trabajo o hechizo que se hace puede dañar a otro. Las fuerzas que se conjuran son demonios y rinden culto a una deidad con cuernos que no es otro que Satanás mismo.

Hay inclusive una variante de la Brujería original (Witchcraft) que ha florecido en EE.UU. desde los años 70, con el nombre de Wicca, que contempla, además de las prácticas y creencias de la Brujería tradicional, la promoción de poderes mentales y el culto a una supuesta *diosa interior*, con lo que se conjuga una especie de panteísmo feminista: se cambia al Dios diferenciado de la creatura, por una deidad femenina con la cual el ser humano estaría fundido. En este ámbito de la Brujería surgen estas fuerzas capaces de provocar graves daños de naturaleza espiritual e indirectamente incluso de naturaleza física... El que Dios permita la actividad diabólica es gran misterio, pero la misma está limitada por la voluntad de Dios que controla todo. La Wicca es un término inglés con el que se designaba a las brujas de un resurgir neopagano de magia ritual, acuñado en 1939 por Gerhard Gardner en Inglaterra sobre la teoría de que era una antigua religión ritual perseguida por los cristianos, conocida también por *The Craft* en los años 60 vinculada a la *religión de las mujeres*.

La santería pretende fingir un culto católico, pero es una forma oculta de idolatría. Incluye rituales paganos como sacrificios de animales, sesiones adivinatorias y trances por posesión de espíritus malignos. La santería, muy extendida en toda Latinoamérica, en EE.UU. y hasta en Europa, tiene equivalentes con ligeras variantes: el *Vudú*, el *Macumba*, el *Shangó*, todas las cuales se derivan de ritos tribales africanos.

La palabra *santería* deriva de *santos*, pues el santero invoca a las deidades africanas, *Orishas*, de la cultura yoruba del oeste del continente, pero finge estar invocando a la Virgen o a un Santo católico. Surge la santería al ser llevados a América los esclavos negros provenientes de dicha cultura, que traen consigo sus cultos a deidades de la magia africana. Al no querer someterse al cristianismo, camuflaron sus ídolos buscando en las imágenes y estatuas cristianas algunas que se pudieran adecuar a su propio culto ancestral hondamente arraigado. Así sucedió, por ejemplo, con Santa Bárbara, virgen y mártir de los comienzos del cristianismo. Su atuendo rojo con espada en la mano, como signos de su martirio, ofrece elementos característicos para *Changó*, deidad masculina yoruba. Y esto mismo han hecho con cada una de las deidades de los ritos yorubas: *Ochún*, deidad africana que es la mujer sensual, dueña del agua dulce, de color amarillo, se asocia a Nuestra Señora de la Caridad del Cobre, la santísima Virgen Patrona de Cuba. Las fiestas de las deidades yorubas las han hecho coincidir con los días que el calendario litúrgico católico dedica a los santos que ha tomado de pantalla para sus ritos paganos la santería. Cada santero o *bablocha* y santera o *iyalocha* se consagra a un dios, santo u *orisha* personal al que ofrece ritos y danzas en su propia casa que se espiritualiza y se convierte en una *ileocha* o casa templo, donde entrarán en trance en el transcurso de la danza para que el dios lo posea y se comunique con sus hijos que asisten al ritual. Con grandes similitudes entre el panteón yoruba y el grecorromano, los dioses personifican virtudes y defectos. Mediante danzas los iniciados se adhieren íntimamente a las divinidades. La magia con ofrendas de velas, frutas, dulces, acciones y objetos, especialmente animales sacrificados cuando se trata de sanar enfermedades y grandes sufrimientos. Los *orishas* gobiernan la naturaleza y sus elementos y son mensajeros del dios Olorum.

En la misma línea, los esclavos provenientes de la Mina o la Costa de los Esclavos (actuales Togo, Benín, Ghana y parte de Nigeria) que fueron llevados a las colonias portuguesas, españolas y francesas del Caribe, llevaron consigo su religiosidad *yoruba* que practicaba el sacrificio animal y humano durante el cual ingerían algunas partes de la víctima, lo que facilitó que asumieran el sacrificio eucarístico, aun sin llegar a comprender su verdadero significado. El *Candomblé* se instaló en Bahía y el *Umbanda* en Río de Janeiro, antes prohibidos y ahora aceptados, giran en torno a danzas de posesión mediante el trance. Por último, otra versión muy difundida del animismo africano es la *Macumba*, folclore nacional a base del uso de velas, amuletos, platos de terracota, puros, arroz, danzas, hierbas, incienso y banderas.

En el animismo africano resalta la práctica del *Vudú*, especialmente por su difusión en la actualidad en el mundo occidental, frecuentemente como un simple juego. Es originario de Benín, y su centro neurálgico es Haití, donde se mezclan términos españoles, franceses y africanos en el vocabulario ritual del Vudú, en la lengua criolla haitiana. El término proviene del vocablo francés *Vaudoux* y significa serpiente. En el siglo XVIII se produce en Guinea una fusión de animismo y cristianismo y da lugar a esta práctica que consiste en alcanzar estados extásicos, mediante danzas rítmicas percutidas, y la posesión por parte del dios que los domina hasta la pérdida de su voluntad. El uso de la magia negra, los sacrificios animales y las prácticas sexuales durante los ritos son habituales. Muchos ritos comienzan con el credo niceno en francés y adulterado, de boca del *presavant* o sacerdote del bosque, en criollo, lengua en la que se recitan. Existen expertos en la preparación de venenos y maleficios: *bokós y zobóps*.

En este mismo ámbito, por su influencia y extensión actual considerado como un juego, encontramos la tabla de la *Ouija*, una forma de espiritismo con la cual el espíritu al que se le hacen preguntas responde moviendo un objeto en forma de lágrima, o un vaso, recorriendo las letras del abecedario para formar palabras. Semánticamente, *oui* es sí en francés, y *ja*, en alemán. Lo más interesante es que este juego espiritista no procede de la antigüedad, sino que fue registrada su patente el 28 de mayo de 1890 que indicaba que Elijah J. Bond era su inventor y William H. A. Maupin y Charles W. Kennard eran los titulares. Éste último creó una empresa para construir los tableros, se convirtió en el juego de mesa más utilizado por los estadounidenses. Como táctica comercial, introdujeron la leyenda de que su origen se situaba en Egipto y se dispararon las ventas durante las guerras que ha sostenido EE.UU. Lo más significativo es que ha llegado a ser una forma de espiritismo eficaz en tanto en cuanto abre un portal al mundo espiritual sin control y somete la voluntad del adepto.

Sin embargo, si algún fenómeno espiritual ocultista ha arraigado en el mundo occidental, este ha sido *Halloween*. Merece una especial atención por el modo en que se ha incorporado a las celebraciones populares en España, especialmente en el Norte, donde se considera una orgullosa herencia de los ancestros nórdicos, celtas, astures, cántabros, vikingos y, en general, tribus bárbaras. Podría ser coincidencia que esté ocupando el lugar de las celebraciones católicas de las fiestas de Todos los Santos y día de Difuntos, sin embargo, los promotores de Halloween declaran sus propósitos con naturalidad, siendo la noche del 31 de octubre la víspera del día de año nuevo satánico, en la que adquieren el máximo poder los brujos. El mismo Lavey, autor de la Biblia Satánica, declaró que hay tres días sumamente importantes para todo satanista y el más importante de todos es Halloween. La enciclopedia del «Libro del mundo de lo oculto» dice que es el principio de todo lo frío, oscuro y muerto. Entre los días 1 y 6 de noviembre celebran las bodas de Satán. Se preparan llevando a cabo una serie de ritos y prácticas tales como: ayunar para buscar la voluntad de Satanás, elección de sacerdotes confesores para escritos en el libro del macho cabrío, ritual para maldecir el cuerpo de Cristo, sacrificio de animales, reuniones para preparar el día del *Samhain o Halloween*, reflexión, mantras, confesión de los pecados contra Satanás, bendición de los artistas satánicos; ordenación a los ministros del rock, músicos y managers involucrados en el satanismo; ritos bautismales con agua de alcantarilla, sangre de niños y de adultos sacrificados y maldición de cualquier contacto que hayan tenido con cristianos. Asimismo, la relación entre satanismo y aborto es directa, especialmente en torno a ese día señalado.

El día 1 de noviembre se sella a los satanistas y se pretende utilizar a las almas del purgatorio, mediante ofrendas. Ya en sus orígenes, como fiesta celta y druídica, celebraban a *Samhain* o dios de los muertos, unos 300 años antes de Cristo, como culminación de una semana de festejos para dar la bienvenida al nuevo año celta de la mano de su dios de los muertos. Los druidas practicaban estados de trance en los que se comunicaban con sus difuntos que les guiarían hacia la inmortalidad y visitarían sus hogares de nuevo, por lo que debían recibirles con fiestas, alimentos y agasajos, de lo contrario merecerían sus maldiciones. Para ello, los sacerdotes druidas iban de casa en casa exigiendo alimentos y, en algunos casos, niños y vírgenes para ofrecer a *Samhain* en el festival de la muerte. Si satisfacían sus propósitos establecían un trato y no sufrirían mal alguno (*treat*), pero si la gente de la aldea se negaba a sus exigencias, se lanzaba una maldición sobre la casa entera y alguien de esa familia moriría ese año (*trick*). Los druidas utilizaban un nabo ahuecado con una vela en su interior que les servía de linterna para el camino, al cual identificaban con el espíritu familiar al que nombraron Jock. En Norteamérica, cuando los colonos llevaron consigo esta fiesta, en los siglos XVIII y XIX, cambiaron los nabos por calabazas porque aquellos no alcanzaban el tamaño preciso, y nació el mito de Jack O'lantern. Además, las calabazas iluminadas eran el medio para espantar a los espíritus de los difuntos familiares de modo que pasaran de largo de las casas sin hacerles daño alguno. Asimismo, los colonos adoptaron el uso de disfraces con la misma finalidad, de modo que estos ocultasen su identidad ante los difuntos, no pudiendo ser identificados y, por ello, dañados. Los disfraces eran y son, además, del ámbito del horror, la muerte y el espanto, para no resultar atractivos a los muertos sino desagradables, al mismo tiempo que afines, para hacerles pensar que de muertos se trata al mismo tiempo. A pesar de toda la información de que se dispone acerca de estas fiestas, la inmensa mayoría de quienes las celebran desconoce su verdadero significado y su auténtica finalidad.

Remontándonos a sus orígenes, vale la pena recordar que en el siglo VIII la iglesia romana estableció el 1 de noviembre como el Día de Todos los Santos, en inglés antiguo, *All Hallows Day* o día de todas las almas/santos, de lo que derivará la palabra Halloween que proviene de *All Hallows Eve* o Noche de Todos los Santos. La fiesta en honor de Todos los Santos, celebrada el 13 de mayo en sus comienzos, queda recuperada por el Papa Gregorio III (741) para el 1 de noviembre, día de la dedicación de la Capilla de Todos los Santos en la Basílica de San Pedro en Roma. Posteriormente, en el año 840, el Papa Gregorio IV universaliza la fiesta de Todos los Santos. Por otro lado, ya desde el año 998, san Odilón, abad del monasterio de Cluny (en el sur de Francia) había añadido la celebración del 2 de noviembre, como día de oración por las almas de los fieles difuntos, difundiéndose esta devoción en Francia y, luego, en toda Europa. Los paganos, forzados a integrarse en la Iglesia Católica por temor, traían consigo todas sus prácticas, incluido el festival de Samhain y exigieron que este festival siguiera vigente y la Iglesia no fue capaz de erradicar todas sus prácticas y ritos.

Como venimos explicando, la verdadera finalidad de la N.E., aunque desconocida por la mayoría de sus seguidores, es la adoración a Satanás, o Satanismo propiamente dicho. Por la gravedad de sus actos precisa una descripción precisa. Aunque pueda resultar, en cierto modo, un concepto trasnochado en la actualidad para el racionalismo occidental, sigue existiendo como lo que siempre ha sido, un medio para obtener poder, riquezas, éxito, fama y placeres a cambio de un pacto que compromete el alma o espíritu de la persona que lo realiza. Sus cultos se sustentan en la mezcla de una constante inversión de la liturgia católica, con el fin de profanar el aspecto sagrado de la misma burlando y humillando a Cristo, los sacramentos y la Iglesia junto con las prácticas esotéricas y de hechicería de los templarios, los egipcios, la brujería… Asimismo, se presenta en su cara más amable como gnosticismo masónico y teosófico aparentemente compatible con la civilización del bienestar y el progreso. Altas personalidades del mundo político, social, económico y artístico pertenecen a esta tendencia y, muchos de ellos, son sacerdotes y sacerdotisas satánicos bajo una aparente vida normal. El mayor poder del satanismo se esconde tras una eficaz labor de infiltración a través de los medios de comunicación, redes sociales, música, arte… Particular mención merecen entre los jóvenes los *piercings* y tatuajes. Especialmente los tatuajes se convierten, a menudo, en puertas abiertas a pactos de sangre con Satanás, al mezclarse la sangre humana con una tinta consagrada por satanistas para tal fin. La descripción de Satanás por parte de sus seguidores varía desde un concepto de ser o fuerza metafísica, hasta una energía natural desconocida, pasando por un elemento innato y misterioso del ser humano. Los primeros indicios de existencia del Satanismo se remontan al s. IV en cuanto a culto al Satán descrito en la Biblia, aunque los cultos antiguos politeístas, los del druidismo, el panteísmo, los ritos egipcios, por ejemplo, ya se remitían a la fuerza oculta y maligna poderosísima. El satanismo moderno comienza en la corte de Luis XVI entre 1643 y 1715. Lo más destacado de sus cultos es la Misa Negra, oficiada por un diácono y un subdiácono. El altar es una mujer desnuda, y se utilizan cirios, un cáliz con vino o licor, una espada, una campanilla y un crucifijo invertido. Los participantes llevan vestidos negros con capucha. En inglés, francés y latín se oficia una imitación del rito católico de la misa, pero invocando a Satanás y sus demonios; se recita el Padrenuestro reconociendo a Satán como padre, se blasfema contra Jesucristo y se profana la Hostia que, previamente ha sido robada de una iglesia Católica puesto que precisan que esté consagrada, pisándola y en prácticas sexuales con enorme odio. En ocasiones la misa negra finaliza con el sacrificio de la mujer, de un niño, de un bebé o suicidios y homicidios rituales.

Otro componente fundamental del satanismo son los conjuros de magia negra referenciados en la obra de Crowley «La exaltación del hombre y la rebelión contra Dios». Actualmente, la Church of Satan fundada en 1966 en EE.UU. por La Vey es la referencia para el satanismo mundial que trabaja en estrecha y eficaz colaboración, y cuyo símbolo identificativo es el conocido Baphomet. Básicamente, el satanismo consiste en la exaltación del hombre y la rebelión contra Dios. En *Liber Legis*, Crowley lo sintetiza a la perfección: «No existe ninguna ley excepto haz lo que quieras; ¡Sé fuerte, hombre! Desea y goza todo lo de los sentidos y del éxtasis; no temas que ningún dios te reniegue por esto. Cada hombre, cada mujer, es una estrella si encuentra la verdadera propia voluntad, de otro modo es un esclavo, y los esclavos deberían servir. Excluye la misericordia: ¡Malditos aquellos que tienen compasión! Mata y tortura: no perdones a nadie» Estas indicaciones entroncan directamente con las once reglas satánicas mencionadas ya en la explicación sobre la Masonería de páginas precedentes. No todos los grupos satánicos se muestran con agresividad ni ofrecen evidencias de sus verdaderas intenciones. Es necesario un progreso lento para transformarse en satánico. Suele despertar en la juventud, incluso en la infancia, y suele seguir un patrón semejante que se inicia con la desaparición de la idea de Dios, frecuentando ambientes esotéricos, mágicos, ocultistas, supersticiosos, para habituarse a sus prácticas y desear nuevas vías de conocimiento. A esto le sigue la participación en reuniones espiritistas donde es habitual encontrar participantes de ritos satánicos que invocan espíritus diabólicos, el uso de la magia negra y, finalmente, la atracción idolátrica hacia grupos y cantantes de rock satánico que empujan al suicidio, el homicidio, la violencia, la perversión sexual, la drogadicción, la necrofilia y la adoración a Satanás. Finalmente, en nuestros días, coexisten diversos enfoques exegéticos para interpretar la identidad y el concepto del Diablo, *diabolos* en griego, equivalente a Satanás, así como de demonios. Para unos, el concepto de demonios está referido más bien a las causas interiores del mal, que pueden incluso afectar a la salud física, además de a la mental y espiritual, siendo así el Diablo la tentación exterior, la persona espiritual ajena al interior que no actuará sin permiso de la persona, y los demonios el mal interior que no puede poseer. En cambio, para expertos exorcistas como el P. Gabriel Amorth, es indudable la existencia de la posesión diabólica, satánica o luciferina, y el término demonio es usado igualmente para identificar a espíritus maléficos, vasallos de Satanás, que cayeron con él en su rebelión contra Dios y son autores activos en muchas infestaciones y posesiones malignas.

Comunicación con ángeles o Channelling

El concepto cristiano de lo que son los Ángeles de Dios y sus funciones es muy distinto a lo que trata de fomentarse con los cursos de comunicación con ángeles, que es la manifestación de un movimiento *angeológico* mundial. Para las Sagradas Escrituras judías, la palabra hebrea *Mal'ak* significa mensajero o ministro, traducida al griego para el Antiguo Testamento de la Biblia católica como *anghelos* o mensajero, del latín también llamado *angelus*, o nuncio (del verbo *nuntiare*, o anunciar). Estos ángeles son seres inmortales, incorpóreos, asexuados y atemporales cuya función es actuar según la voluntad de Dios para cumplir una misión, dotados de una inteligencia espiritual y carente de limitaciones físicas, por ello, superior a la nuestra que les confiere un conocimiento más perfecto; por otra parte, no están atados a sufrimientos y necesidades. El conocimiento de la naturaleza e identidad de los ángeles en la teología cristiana se fundamenta en las Escrituras y es concreto y preciso.

En contraposición, la N.E. presenta a los ángeles como esferas de luz, energía pura, dispuestos a tomar contacto con nosotros a través de técnicas especiales, tales como meditaciones paganas, repetición de mantras, dados por dichos ángeles, para favorecer la apertura de *chakras*, de modo que se acceda a la participación en la vibración angélica que proporcionará en el iniciado poder, salud, fuerza e inteligencia. Solo tienen en común con los ángeles de Dios que son seres espirituales. Los de la N.E. se identifican con fuerzas de la naturaleza, al modo panteísta, de ahí que sean ángeles de la tierra (gnomos, eones), del agua (hadas y ondinas o sirenas), del fuego (lenguas de fuego, agnis y salamandras), del aire (sílfides o silfos), obscuros (de las cuevas, galerías subterráneas, minas), superiores (guías en la Era de Acuario hacia la evolución de la consciencia cósmica por medio de la curación, el equilibrio y la paz universal) y ángeles caídos (testigos del mal cósmico que producen la vejez, la enfermedad y la muerte). La N.E. enseña que la persona ha de descubrir a su propio ángel, el color que le caracteriza, sus cualidades, y recurrir a él todo el día en lugar de acudir a Dios. Enclavan, además, lugares sagrados para el contacto con los ángeles, especialmente en días y horas específicas y utilizan tarots angélicos para escuchar las predicciones que puedan hacer sus ángeles sobre el futuro. Esta idea de ángel se asemeja con los maestros o guías espirituales, pudiendo encontrarse también los ángeles entre ellos. Algunas tendencias, incluso, identifican a determinadas personas con reencarnaciones de ángeles que se ocultan bajo aspecto humano para salvar a la humanidad de la tiniebla de la no consciencia cósmica. El uso de figurillas o idolillos de ángeles con el sentido de que la propia escultura proporciona protección y guía es una forma de idolatría antigua.

Entronca con esta creencia la práctica de la Canalización o, como se conoce popularmente, *Channelling*. Esta expresión de origen estadounidense designa la «posibilidad de captar y de canalizar ciertos mensajes que provienen de una esfera trascendente (difuntos, maestros espirituales, ángeles, extraterrestres, etc.) y mediatizarlos al servicio de un tercero»[13]. Mediante el *Channelling*, se dice que artistas difuntos transmiten las obras que siguen componiendo, difuntos amonestan o exhortan en el orden moral y filosófico, recomendaciones para la vida diaria, y transmiten ondas o impulsos y vibraciones para la curación y la iluminación. Sin dejar de ser una forma de espiritismo clásico actualizado, el médium, que se denomina a sí mismo terapeuta, aunque carezca de la cualificación científica para serlo, es especialmente receptivo y sensible para acceder a la memoria universal que suma toda experiencia pasada y futura en un continuo cósmico. De este *Channelling* brotan nuevas creencias y pseudoreligiones tales como la secta Moon que pretende unificar el cristianismo mundial, y la de Okada, en la que basta con llevar un medallón sagrado u *omitama* para transformarse en un canal transmisor de luz y purificación para la humanidad. Igual que el espiritismo, el *Channelling* conduce también a revelaciones personales de doctrinas ancestrales, principalmente orientales. Personalidades famosas anuncian haber encontrado el sentido de su vida al ser conducidos por sus ángeles personales.

Reencarnacionismo

Especialmente relevante es el hinduismo debido a la amalgama de conceptos religiosos que lega a la N.E. El hinduismo es politeísta, panteísta, monista, quietista y relativista. La única rea-

---

13. Franck, B. *Diccionario de la Nueva Era*, Estella, 1994, 92.

lidad en el universo es la divinidad (Brahmán); todo lo demás es ilusión (*maya*). Se llega a la iluminación, a la autodivinización, mediante el Yoga (al llegar a la experiencia *samadhi*). Según el filósofo hindú Vishal Mangalwadi, el Yoga tiene como finalidad alterar la conciencia para obtener de ella más elevados niveles a través de técnicas que manipulan el sistema nervioso.

Sea el *Jnana Yoga* (del conocimiento), el *Bhakti Yoga* (del amor y la devoción), el *Karma Yoga* (del trabajo y el esfuerzo), el *Hatha Yoga* (de ejercicios), el *Japa Yoga* (de repetición de palabras, o mantras, que llaman a divinidades hindúes o inclusive a espíritus malignos, sea el *Kundalini* o Laya Yoga (el utilizado en los cursos de curaciones por *Energía Universal* y en los de comunicación con «ángeles») sea el *Tantra Yoga* (de magia sexual), etc., todos los tipos de Yoga buscan llevar a los que los ejercitan a un concepto y una práctica pagana, la cual es la búsqueda del vacío interior para llegar a la conciencia de la autodivinización.

El budismo procede del hinduismo. Según una leyenda, Buda, antes de llegar a la iluminación, fue un errante monje hindú. Se encuentra con la realidad de la muerte, la decrepitud y la enfermedad y dedujo que en la vida todo es sufrimiento. Vaga como mendigo, deja su casa y familia, agota el aprendizaje de varios gurúes y se sienta decidido a no levantarse hasta alcanzar el *nirvana*. Ahí resiste al ataque de Mara, dios malvado, le alcanza el tercer ojo y niveles de consciencia elevadísimos, y recibe la llamada Iluminación. Así, la teoría básica es: Todo en la vida es dolor. El origen del dolor es el deseo. Para anular el dolor hay que anular el deseo.

Ligado al budismo se encuentra el taoísmo/zen, una forma de budismo cuya meta es llegar a un estado de conciencia en el cual «todo es uno». El Zen ha sido influenciado por el taoísmo chino, del cual toma el principio y el símbolo chino del *yin-yang* o conciliación de contrarios: bien-mal, pasivo-activo, positivo-negativo, luz-oscuridad, masculino-femenino, etc., pues los opuestos son símbolos de la unidad final (*tao*).

La creencia hindú en la *reencarnación* propone que el deseo de la eterna felicidad presente en todo hombre y mujer se explica mediante la creencia de que el alma de cada ser humano regresa a la tierra y comienza a vivir de nuevo en otro cuerpo. Y, tras su muerte, se cree, además, que este proceso sucede no una vez, sino cuantas veces sean necesarias hasta romper este ciclo que es causado por el *karma*, es decir, por el efecto que tienen los actos malos de la persona y por los cuales inexorablemente hay que pagar, bien en la vida de esa misma persona o en la vida de las sucesivas personas en las que supuestamente vuelve a existir esa alma o *atman*.

Esto implica la aceptación de la existencia dominadora de un destino que decide de antemano el futuro de las personas, a pesar de sus decisiones que, aunque ligeramente lo puedan modificar, no transformarán su meta última y que, sobre todo, atrapada en un largo castigo por sus malos actos, no podrá experimentar el concepto de perdón, que es prácticamente inexistente. El único modo de acortar el ciclo de reencarnaciones es siguiendo los Caminos de Liberación o Salvación que desarrollan de este modo:

Camino de los actos, o cumplir perfectamente las obligaciones de su casta y su estado de vida sin esperar nada a cambio. Camino del conocimiento, exclusivo para los *brahmanes* o sacerdotes, se trata de descubrir a Brahmán en el *atman* mediante la meditación. Superar los deseos de los bienes materiales y buscar el bien eterno, para así encontrar el espíritu universal. Camino de la devoción, mediante el que servir con toda el alma y las acciones a un dios personal considerado como manifestación de Brahmán para purificar el *atman* con la ayuda de los gurús, maestros espirituales, del Yoga, del Reiki y otras prácticas similares.

La meta es el *nirvana (paz total)* y el fin del *samsara* (ciclo de reencarnaciones) por la unión con el espíritu universal. Esa unión es como diluir un grano de sal en un océano. La persona se incorpora a la *Energía Universal*, pasa a ser una con el todo y auto divinizarse, pero perdiendo cualquier identidad personal y única. No es un encuentro con alguien sino con algo. De este modo, las situaciones de sufrimiento se deben a un *karma* no purificado, y no deben suprimirse so pena de interrumpir el proceso de purificación que padece el *karma*, por el cual la persona ha de permanecer una existencia más alejada de la unión cósmica con el Brahma, lo cual implicaría la necesidad de más existencias corporales para lograr su redención.

A pesar del fácil acceso a la información del que se dispone en la actualidad, el concepto de reencarnación de la N.E. difiere de la auténtica creencia hindú. En primer lugar, mientras para el budista y el hindú, el *samsara* se identifica con trasmigración de las almas, los *newagers* conciben la curva transmigratoria siempre de modo ascendente, en progresión positiva hacia vidas siempre mejores, ignorando la cara negativa del propio *karma*. En segundo lugar, algunas corrientes de N.E. se adentran en la distinción entre individualidad y personalidad, teniendo cada uno que ligar en sucesivas vidas la una con la otra, sabiendo que la individualidad es inmortal y perdura tras la muerte, mientras que la personalidad se altera en tanto en cuanto el alma cambia de «envoltorio» corporal, por utilizar un término visualmente explicativo. Se produce una especie de proceso alquímico que acumula la riqueza cultivada en la individualidad a lo largo de vidas anteriores, de ahí los numerosos procedimientos que crea la N.E. para descubrir la propia identidad en estados alterados de conciencia. En tercer lugar, el *samsara* hindo-budista es algo de lo que librarse y deshacerse como carga alienante que oprime al ser humano mientras que, para la N.E. es simplemente un estado permanente, un elemento natural que sumerge al ser humano.

Iluminismo o falso misticismo

Otro de los pilares ideológicos y espiritualistas de la N.E. se conoce como Iluminismo o falso misticismo. La mística se identifica en todas las religiones referida a la experiencia sensible de Dios, un conocimiento certero de su existencia que va más allá de todo entendimiento y expresión plausible que se acompaña de una unión con Dios, normalmente, transformadora, aunque varíe sustancialmente la naturaleza de dicha conversión según en qué religión se dé. La N.E. asume y reúne todas ellas dándole preferencia a las relacionadas con la psicología transpersonal y a las religiones orientales, en particular, el hinduismo y el budismo.

Así pues, de la matriz hinduista de la religiosidad y antropología de la N.E. nacen nuevas organizaciones religiosas que influyen en las sociedades occidentales. Póngase como ejemplo la universidad Brahma Kumaris, nacida en 1936 (inicialmente Om Mandali) en el actual Pakistán, establecida actualmente en Rajasthán, ha inaugurado la Academia para un Mundo Mejor con el fin de cultivar los valores universales y todo su potencial humano, y más de un cuarto de millón de personas de todas las etnias y religiones visitan cada año Mount Abu y Madhuban. La asociación espiritual mundial Brahma Kubaris toma parte en la ONU, en UNICEF y coordina iniciativas, campañas y proyectos internacionales para una sociedad más justa.

Al mismo nivel se sitúa la Asociación Internacional de la Conciencia de Krishna, que se remonta a los Vedas y la tradición hinduista. Extraída de la epopeya Mahabharata de los Upanishads, con Krishna como protagonista, difunden en Occidente el Yoga de la devoción, ascesis que excluye el alimento animal, el alcohol, los juegos de azar, el tabaco, el alcohol, las drogas y el sexo ilícito. El matrimonio lo concierta el brahmán de la comunidad y las mujeres son valoradas exclusivamente por su capacidad procreadora.

Viven de la mendicidad y de la venta de libros. Varias veces al día realizan danzas e invocan mantras, duermen mucho menos de lo necesario, se alimentan de hidratos, son muy rígidos en las costumbres y todo esto les conduce a un estado que inhibe su capacidad de análisis y crítica intelectual anulando su voluntad. Los niños permanecen completamente excluidos de la integración social. Un consejo de gurúes lo dirige, además del psicólogo norteamericano William Erlichman. El sostenimiento de la comunidad es, en realidad, una forma de enriquecimiento encubierta de espiritualidad. Cada día, cada uno de los adeptos debe recaudar cierta cantidad económica. No importa el medio si el fin es glorificar a Krishna, de ahí que haya muchos devotos condenados por tráfico de drogas, tenencia ilícita de armas, formación de arsenales, secuestros, coacciones, homicidios, estafas, robo, tráfico de personas y de piedras preciosas, etc. Resulta, pues, cuanto menos, sorprendente que la finalidad pública de la secta se anuncie como iluminación de la conciencia cósmica, la purificación y la autosalvación personal mediante la felicidad budista ciertamente indolente.

Cercanos a los *Hare Krishna* se sitúan los *Sijs*, fundados por el gurú hindú Ji de Nanak, que crea una comunidad tras una revelación personal. Establecen su centro neurálgico en el Templo de Oro de Amritsar, donde se custodia el libro sagrado, Gurú Granth Sahib. Hasta 1984, se ha constituido en un grupo humano con conciencia de etnia espiritual. A pesar de ser aplastados por la India tras el fin de la dominación inglesa, continúan reivindicando su independencia. Sus enfrentamientos con los hindúes son frecuentes, siendo el sijismo una síntesis entre hinduismo e islam y se les identifica porque, a través del bautismo de la espada, pueden portar los cinco KS: el kesh -barba y cabellos largos-, el kacch -pantalón corto-, el kangha -peine corto-, el kirpan -un puñal-, y el kara -brazalete de hierro en el brazo derecho-.

Una de las transmisiones más eficaces del espiritualismo oriental de matriz hindú ha sido llevada a cabo eficazmente de manos de la Meditación Trascendental. La universidad Maharishi Vedic, con sedes en EE.UU., Holanda y la India, se ha dado a conocer desde los años 60 gracias al gurú de Los Beatles, Maharishi Mahesh. Su enseñanza de la meditación consiste en una técnica neutra de concentración, apolítica y atea, a la que llaman ciencia de la inteligencia creadora mediante el incremento de las capacidades intelectuales y espirituales de sus discípulos para el establecimiento en la tierra de un gobierno mundial de la era de la iluminación. Mediante muchas y variadas técnicas, el gurú trata de despertar en el interior del discípulo las energías latentes en él repitiendo un mantra (instrumento para pensar) que conduciría, pues, al encuentro con el yo interior en una situación de quietud semejante, para algunos, a la oración de la corriente cristiana oriental conocida como *Hesyquia*, con la que se repite constantemente el nombre de Jesús para mantener el corazón en constante oración. Uno de sus difusores de mayor alcance en España fue Anthony de Mello. La Meditación Trascendental ha suscitado reacciones contrarias en algunos gobiernos y sistemas judiciales, en Alemania es declarada como responsable de generar daños psíquicos, y en Suiza se le niega el derecho a ser empleada como medio terapéutico. En España está registrada como Asociación para el estudio de la Inteligencia Creativa y Enseñanza de la Técnica de la Meditación Trascendental (AECIC) y como Centro de Estudios de Rehabilitación Social. En sus cursos se adora la imagen del gurú Maharishi, acompañada del ofrecimiento de alimentos y declaración de oraciones en su honor.

Entre los maestros o gurúes hindúes ha de destacarse vivamente a Bhagavan Sri Sathya Sai Baba. Su liderazgo, desde la infancia, relucía por su generosidad, compasión, benevolencia y sabiduría, lo cual provocaba profundos y positivos cambios en los que le seguían. Según la creencia hindú, de cuando en cuando, Visnú se encarna en seres humanos especiales para socorrer a la humanidad en tiempos de peligro y destruir la ilusión. Así se consideró a Sai Baba reencarnación de Shiva. A los trece años entra en un trance prolongado en el que emite llantos, risas y cánticos de mantras. Cuando despierta, parece haber adquirido poderes sobrenaturales, materializa objetos inexistentes, se traslada a grandes distancias en segundos, emanan de sus manos unas cenizas curativas por su perfume especial. Lo más elocuente de su doctrina reza como sigue: «Hay una sola religión, la religión del amor. Hay una sola casta, la casta de la humanidad. Hay un solo lenguaje, el lenguaje del corazón. Hay un solo dios y es omnipresente»[14].

Otro gurú famoso por el número de sus seguidores y por la divulgación eficaz de la N.E. que lleva a cabo es Rajneesh, mezcla ecléctica de Yoga indio y psicoterapia occidental, que adapta las obras de Jung y Laing, de modo que todo ser humano es reconocido como neurótico e inestable, y precisa de un maestro que ya lo ha asumido e insertado en su vida para enfrentarse directamente a sus bloqueos emocionales y superarlo. En actos de catarsis equipara el amor sexual con el amor divino, lo cual les permite hacer todo lo que quieran, con la única condición de que no destruyan sus cuerpos, templo de dios. Una de sus más originales aportaciones es la *Meditación de la Rosa mística* que consiste en veintiún días en los que el *sannyasin* ha de reír tres horas diarias durante una semana, llorar tres horas diarias durante una semana y meditar en silencio tres horas diarias durante la última semana. Afirmaba que era éste el mayor progreso de la meditación en 2.500 años y que era esencial para destruir el ego y liberar la mente iluminada.

14. Vázquez Borau, J.L. *Los Nuevos Movimientos Religiosos*, San Pablo, Madrid, 2004, 48-50.

Para concluir se debe citar a Ananda Marga y a la *Misión de la Luz Divina*. La trascendencia de la primera se halla en la creación de una red educativa de jardines de infancia y escuelas en torno a una visión buenista de amor universal, vegetarianismo, equilibrio humano y naturista, y práctica del Tantra Yoga. Su penetración se produce en múltiples organizaciones como Amurtel (ayuda ante catástrofes naturales), Master Unit (red global de proyectos ecológicos), Renacimiento Universal (que agrupa a científicos e intelectuales), Asociación de escritores y artistas (para la elevación de la conciencia humana), Bienestar de la mujer (para la implantación de la ideología de género y la dignidad femenina) y, por último, Voluntariado (para todos los sectores sociales, culturales e internacionales). En 1970, en la India, organizaron motines y revueltas, Baba es detenido y encarcelado, acusado de varios homicidios. Indira Gandhi, primera ministra, decreta la expulsión total de la organización y encarcela a más de 1.500 miembros. Un año después, muchos seguidores se inmolan entre llamas en plazas públicas como protesta. En cuanto a la Misión de la Luz Divina, o *Maharaj Ji*, cuya finalidad es la iluminación, promueve en el ashram (comunidad de seguidores de un gurú), una vida extremadamente austera e insana que anula la voluntad de los discípulos, mientras que, simultáneamente, su líder se enriquece en EE.UU. controlando numerosas finanzas y viviendo en el lujo y la abundancia.

Se aprecian las características de los gurúes de la N.E. con los que los discípulos establecen una relación de dependencia total y confianza a toda prueba. El gurú ha experimentado estados de profunda espiritualidad. No es identificable con el *swami* o maestro asceta que vive separado del mundo, semejante a los monjes ermitaños. El *chamán* es también un personaje distinto y peculiar. Su origen es siberiano y centroasiático. Se sitúa por encima del brujo y del sacerdote. Es característico que entre en trances y éxtasis. Es fundamentalmente animista por su contacto con espíritus y difuntos, por lo que su papel es de mediador entre ambos mundos. Sus funciones son básicamente tres: predice el futuro, sana enfermedades y realiza sacrificios. Aúna en sí mismo los papeles de adivino, brujo, curandero, mago y sacerdote. Su poder se asienta en la creencia de que la enfermedad es una pérdida del alma de la persona. El chamán sale en su busca y se la devuelve al cuerpo del enfermo. Durante el trance extático, el alma del chamán emigra al mundo de los espíritus para aplacarlos y obtener su benevolencia. En 1966, los gurúes hindúes convinieron la estrategia de exportar el paganismo oriental a occidente y han logrado insertar rituales de iniciación de carácter abiertamente pagano-idolátrico, pues se rinde culto a una deidad hindú y el *mantra* que se le da al alumno es el nombre de una de esas deidades.

Teorías y técnicas psicológicas

Importantes teorías y técnicas psicológicas como las de C.G. Jung y otras, que promueven el desarrollo ilimitado de las potencialidades del ser humano y la aceleración del progreso evolutivo para alcanzar una conciencia elevada, encajan en las metas de la N.E. y favorecen sus logros. No es desacertado hablar abiertamente de una psicología de la N.E. que proporciona los medios para alcanzar dichos objetivos. Ken Carey lo dice de esta manera: «Dondequiera, todo el que se sincronice con el *Ser Más Elevado* se vuelve parte de la transformación. Sus vidas entonces llegan a ser orquestadas desde otros mundos»[15].

Según John White «La psicología de *cuarta fuerza* cubre una gran variedad de asuntos humanos. Sin embargo, todos ellos apuntan al desarrollo supremo del hombre -no simplemente un

---

15. Ken Carey, en un discurso en Whole Life Expo, Los Angeles, CA, Feb. 1987.

regreso de la falta de salud a la normalidad- como individuos y como especie»[16]. Ya Marilyn Ferguson exponía que: «El bienestar no puede ser inyectado intravenosamente, ni dado con cucharilla por prescripción médica. Viene de una matriz: la mente del cuerpo. Refleja armonía psicológica y somática»[17]. En este sentido, el bienestar físico y mental está amarrado a la calidad y medida de nuestra conciencia, en todo lo cual, la psicología puede favorecer una cosmovisión que guíe a las personas en la realización de una conciencia divina colectiva que garantice la salud sin deterioros. Se trata, pues, del dominio de la mente sobre la materia, como si las leyes naturales se sometieran a un determinado poder mental ilimitado por lo que las enfermedades dolorosas no son sino la punta del iceberg de una carencia severa de una conciencia elevada. Shakti Gawain dice: «Cada vez que usted no confía en sí mismo y no sigue su verdad interior, disminuye su vivacidad y su cuerpo reflejará esto con una pérdida de vitalidad, entumecimiento, dolor, y eventualmente, enfermedad física»[18]. Al mismo tiempo, concordando con el subjetivismo moral de la N.E., Vera Alder advierte de que, si no se sigue nuestra verdad interior o se desconecta del *dios interior*, podrían incluso surgir tendencias criminales: «Un criminal o un holgazán será reconocido como un individuo enfermo que ofrece una espléndida oportunidad para una ayuda sabia. En vez de ser encarcelado con compañeros desventurados en la atmósfera atroz de una prisión, el futuro criminal estará en mucha demanda»[19]. Por tanto, la redención y rehabilitación de un delin-

16. White, J. *Frontiers of Consciousness*, Julian Press, New York, 1985, 7.

17. Ferguson, M. *The Aquarian Conspiracy*, Los Angeles, Tarcher, 1980, 248.

18. Gawain, S. *Living in the Light*, New World Library, San Rafael, 1986, 156.

19. Arder, V., *Han Humanity Comes of Age*, Samuel Geiser, New York Inc., 1974, 82.

cuente o de un criminal no va a depender de su arrepentimiento y reparación del daño causado, sino que simplemente precisarán que se conecten con su conciencia más elevada para conducir sus vidas en la sanidad espiritual, física y moral. Por esta razón, la salud y la enfermedad son procesos activos producidos por la ausencia de armonía interior, afectados por nuestros estados de conciencia y habilidades que no fluyen con la energía cósmica.

Shirley McLaine explica que las personas iluminadas que mantienen una conciencia más elevada pueden ayudar a otros a resolver sus problemas como recursos para elevar la conciencia, los psicólogos de la *cuarta fuerza* utilizan cristales, flores de Bach, *mantras* y otros tantos recursos para canalizar a través de la meditación. Entre sí se llaman humanistas cósmicos cuya misión es atraer a las esferas de luz para sublimar la psique. Existe un libro infantil titulado «¿Qué es Dios?», que instruye en la meditación humanista cósmica a los niños, y explica sin lugar a duda la diferencia entre la meditación cristiana y la meditación de la N.E.: «Y si realmente quieres orar a Dios, sólo debes cerrar los ojos en cualquier lugar, y pensar en ese sentimiento de Dios que te hace parte de todo y de todos. Si puedes sentir esa sensación de Dios, y todos los demás puede sentir esa sensación de Dios, entonces todos juntos podemos llegar a ser amigos, y podemos realmente entender. Entonces, si realmente quieres sentir a Dios, puedes cerrar tus ojos ahora, y escuchar tu respiración entrar y salir lentamente, y pensar en cómo estás conectado con todo, incluso si no estás tocándolo todo»[20]. Así pues, el objetivo de la psicología es dirigir el esfuerzo hacia la búsqueda de la conciencia elevada configurada por el humanismo cósmico, cada persona deberá abandonar su ausencia de iluminación y cambiarla por su dolor, eligiendo las herramientas

---

20. Etan Boritzer, E., *What is God?*, Firefly Books, Richmond Hill, 1990, 30.

que le parezcan más adecuadas, caminar sobre fuego, sesiones de espiritismo, hipnosis, etc. Las afirmaciones de esta psicología novaerense se atreven incluso a defender que hasta las enfermedades mortales son sólo una señal de una psique enferma. «La curación resulta de una percepción transformada de nuestra relación con la enfermedad, aquella en la que respondemos al problema con amor, en lugar de miedo». Una técnica muy extendida es la visualización por la que se imaginan acontecimientos futuros y se propone que esos acontecimientos vuelvan a la realidad, cubiertos de luz: «Imagine el virus del SIDA como Darth Vader, y luego abra la cremallera del traje para permitir que surja un ángel. Vea la célula cancerosa o el virus del SIDA en todo su horror, y luego vea una luz dorada, o un ángel, o a Jesús, envolviendo la célula y transformándola de oscuridad a luz»[21].

Como ejemplo significativo de la psicología de la N.E., el eneagrama. Un artículo muy ilustrativo escrito por Roberto A. Federigo, miembro de RIES, explica de modo razonado en qué consiste esta técnica que no está exenta de aspectos relacionados con la N.E. Se presenta como un recurso filosófico antropológico, ya que estudia el comportamiento humano. Se dice que su origen es sufí, su divulgación se debe al esoterista armenio Ivánovich Gurdjíeff y está vinculado con el Instituto Esalen en combinación con la terapia gestáltica, donde se desarrolla la psicología transpersonal o *cuarta vía*. Pero el lanzamiento mundial del eneagrama se debe a Helen Palmer y su obra «The Enneagram», en 1988.

El eneagrama se mueve sobre un símbolo geométrico de nueve puntas en un círculo, cada una de las cuales representa un tipo de personalidad básica, entendiéndose ésta como un conjunto de patrones estables de comportamiento que se relacionan con sus

---

21. Williamson, M. *A Return to Love: Reflections on the Principles of «A Course in Miracles»*, Harpers Collins, New York, 1989, 208-209.

linderas siendo personalidades opuestas y complementarias al mismo tiempo. Algunas de sus características ocultistas son de tipo numerológico, cabalístico, predestinatorio, adivinatorio y autorredentor. Fue la psicología novaerense la que lo presentó como test de personalidad de modo que, mediante la tipología psíquica establecida, pueda distinguir defectos y virtudes de cada carácter, así como una terapia adecuada a cada uno de los problemas de cada subtipo. Así, la terapia del eneagrama es eficaz cuando cada personalidad se equilibra en el contacto con el opuesto y, de no poner freno a las compulsiones, se caerá justamente en aquello que rechazamos.

Mouravieff establece una relación entre las raíces esotéricas y ocultistas del eneagrama y el Apocalipsis, de tal manera que considera la Palabra de Dios como fuente de esoterismo, y al eneagrama como formador de justicia y armonía de modo que el ser humano pudiera dominar la gnosis para realizar buenas obras. El eneagrama se reviste de cierto pseudocientifismo, según el Instituto Español de Programación Neurolingüística (PNL), «gracias al eneagrama se descubrirán el origen y las causas de todos los conflictos, conductas anómalas, compulsivas y enfermedades, así como las herramientas para resolverlos y las habilidades para hacer más brillante cada personalidad». Ouspensky explica que el eneagrama es un símbolo universal que da origen e interpretación a toda ciencia. Sin embargo, carecemos de cualquier demostración científica de sus efectos y contamos con pruebas de su pseudocientifismo: utiliza una psicología alternativa, no factual ni académica; plantea un determinismo filosófico, un dogmatismo no discutible, contradicciones empíricas, inmutabilidad y sobrenaturalismo.

Entre las manifestaciones de matriz cientista que acoge la N.E. destaca la Cienciología-Dianética. La Iglesia de la Cienciología fue fundada en 1954 por Lafayette Ronald Hubbard, en EE.UU. Aunque se presenta a sí mismo como ingeniero y filósofo, es considerado como un escritor de ficción. En un principio, su obra «Dianética» sobre el poder del pensamiento sobre el cuerpo tiene un enorme éxito, intenta una incursión en Londres, pero acaba fracasando y regresando a EE.UU. A partir de 1983 son procesados diferentes miembros en EE.UU. y en Europa. La Dianética apunta a ser la ciencia de la salud mental, cuya idea moral primordial es la supervivencia. A través de determinadas técnicas terapéuticas se garantiza la sanación total que proporciona en el ser humano una capacidad y racionalidad muy por encima de la alcanzada por quienes no pertenecen a dicha a dicha entidad. Una de sus prácticas más significativas es el *auditing* para borrar la memoria de modo que se introduzca la persona en el estado de claridad. Por su parte, el *consejo pastoral* se reúne periódicamente para conservar la pureza de su doctrina, básicamente urdida con terminología cristiana, variaciones ingeniosas de la Declaración de los Derechos Humanos, prácticas pseudosacramentales tales como el bautismo y el matrimonio exclusivo entre los adeptos, y la felicidad terrena. Para contar con la exención de impuestos, Hubbard inscribe su organización como Advanced Organization Saint Hill. Ejerce la Dianética una atracción exclusivista y deslumbrante sobre los adeptos, lo cual permite que desembolsen enormes sumas económicas con el fin de sufragar las terapias y libros únicamente del fundador, todo lo cual permite encuadrarla sin dilación en la clasificación de sectas de origen económico y en el grado de perjudicial y peligrosa. La puerta de captación se abre especialmente para personas de poca formación cultural, débiles psíquicamente y víctimas de frustración o infelicidad, mediante la oferta de un test gratuito de personalidad y cursos sin coste. Por último, y no por ello menos relevante, el Narconon, o programa de rehabilitación de la drogadicción, obtuvo un éxito tal que, actualmente, siguen existiendo setenta centros repartidos por todo el mundo con este propósito. Adaptación de técnicas ocultistas promovidas mediante cursos en el ambiente empresarial e incluso en algunos centros de inspiración cristiana. De modo análogo, aparece la Ciencia Cristiana y Nuevo Pensamiento fundada por Mary Baker fundamentándose en la Biblia, que aporta como Hubbard la relevancia de lo espiritual sobre lo material, aunque buscando la salvación personal y la sanación en su sentido más amplio. A éste se une y añade el movimiento religioso Nuevo Pensamiento, de Enma Curtis Hopkins, como idealismo filosófico popular inmerso en la cultura tecnológica y el pragmatismo propio de la N.E.

No es posible cerrar este subrayado de la presencia sectaria cientifista en la N.E. ignorando el Movimiento Ufológico Raeliano, que debe su nombre a un supuesto abducido, Claude Vorilhin, Rael, que se muestra como profeta y mesías de la era científica. Incluyen en sus creencias el ocultismo y la cultura judía bíblica desde el momento en que denominan Elohim a esas mentes cósmicas superiores, extraterrestres, o seres divinizados. Así, los grandes profetas como Mahoma, Moisés y Jesús regresarían de su sede interplanetaria para conformar un nuevo gobierno mundial de genios. Sus sacerdotes se reconocen fácilmente por el medallón con una cruz engarzada en la estrella de David. Ofrecen la clonación de un hijo de uno de estos grandes sabios, lo cual ha sido asumido por numerosos grupos espiritistas, mitológicos y satanistas[22]. Recuerda curiosamente a la saga literaria de J.J. Benítez «Caballo de Troya» (del I al IX, obras publicadas en los años 1984, 1986, 1987, 1989, 1996, 1999, 2005, 2006, 2009, y «El día del relámpago» en 2013), en tanto en cuanto el Antiguo Testamento está surcado por referencias ufológicas, y Jesús sería un extraterrestre desinteresado que busca la paz mundial.

Por último, Nueva Acrópolis nace en Argentina en 1957 como asociación cultural para procurar mejor formación filosófica mo-

---

22. Vázquez Borau, J.L. *Los Nuevos Movimientos Religiosos, op.cit.* 6, 102.

derna libre de toda influencia religiosa, política y socioeconómica. Se internacionaliza desde los años 70 al ser reconocida de utilidad pública. De la mano del profesor Livraga y su esposa Ada Albrecht se divulga la idea de una nueva filosofía, aunque a la manera clásica, al modo sincrético y humanista. Ella se separaría de su esposo y fundaría más tarde la Asociación Mundial Hastinapura. En realidad, se trata de una sociedad de corte teosófico, cuya meta política es el autoritarismo y la aristocracia en claro rechazo a la democracia, reclutando personas eficaces mediante una fuerte jerarquía paramilitar.

Feminismo radical o ideología de género

Ciertas expresiones extremistas del feminismo están enmarcadas dentro de la N.E. No es posible localizar a muchos expertos que justifiquen con investigaciones una posible relación de la ideología de género y el feminismo extremo con el movimiento sociocultural, económico y espiritual de la N.E., sin embargo, la extensísima tesis de doctorado, del historiador sueco de las religiones, Per Faxneld, publicada bajo el título «Feminismo Satánico», explicita documentalmente los vínculos entre quienes promovieron los inicios feministas, socialistas, homosexualistas y de ideología de género con Satanás y sus grupos cercanos.

Una primera distinción de Faxneld permite que se comprendan dos sentidos con los que se proyecta el satanismo. Se ha estudiado aquí en sentido estricto, como adoración del personaje bíblico mediante ritos de parte de quienes creen en él y pactan de algún modo. En segundo lugar, plantea una influencia satánica en determinadas ideologías y sus comunes rebeliones frente a las jerarquías tradicionales, la religión y la propiedad privada. Para fundamentarlo refiere los vínculos del fundador moderno del anarquismo Mikhail Bakunin (1814-1876) y del socialista

Pierre-Joseph Proudhon (1809-1865). Algunas referencias destacadas a la socialdemocracia sueca son utilizadas en su tesis, como
es el hecho de que propusieran en 1886 a los trabajadores seguir y
vivir los Diez Mandamientos de Lucifer, por ejemplificar alguno
de ellos, «No codiciarás la mujer de tu prójimo, a menos que sea
ella quien te desea; pero busca las que están en la calle y llévalas
a ella tan pronto como te sea posible». Las conexiones con la
Sociedad Teosófica y su lectura bíblica alternativa aparecen en
la tesis de Faxneld. La novela gótica francesa e inglesa «Drácu-
la» de Bram Stoker (1847-1912), da comienzo a una admiración
popular del personaje malvado, precursora de la actual estética
de lo terrorífico. Asimismo, el romanticismo poético inglés y la
literatura radical del siglo XIX inculca en el lector la idea de que
el pecado de Eva es en realidad la oportunidad de desvincularse
del control masculino de Adán y del Padre, por lo cual Lucifer merece veneración como libertador del sexo femenino. De
la misma raíz crece la rama de la inversión de autoridades que
posibilita la elección de sexo, llamado actualmente género, así
como el autodesafío identitario del planteamiento homosexual.
Por otra parte, y como plasmación de esta prehistórica urdimbre
mitológica, abundante literatura a favor de la injusta condena a
las brujas medievales, a las que pinta como inocentes mujeres
indefensas. En cambio, Faxneld demuestra que eran mujeres libres que, con frecuencia, mudaban su identidad a la masculina
o al lesbianismo. En diferentes autoras emerge con fuerza la conexión con el lesbianismo feminista, la adoración al diablo y la
ideología de género, como es el caso de la poeta lesbiana francesa
Renée Vivien (seudónimo de Pauline Mary Tarn, (1877-1909),
y la novelista, también lesbiana, Mary MacLane (1881-1929) en
los Estados Unidos y Sylvia Townsend Warner (1893-1978) en
Inglaterra. Igualmente, actrices y personajes de la crónica social
adoptan un estilismo simbólico y un comportamiento satánicos,

por ejemplo, Sarah Bernhardt (1844-1923) y la marquesa italiana Luisa Casati (1881-1957). Una brevísima recensión de la tesis de Faxneld, se concreta en la afirmación general de que el feminismo, la ideología de género, el homosexualismo, el comunismo, la anarquía y el socialismo son hijos de la lectura inversa de la Biblia exponiendo a Satanás como el malo que produce simpatía por su heroica rebeldía frente al poder inamovible y masculino de un dios patriarcal autoritario.

La exfuncionaria de la ONU y exabortista, Amparo Medina, sitúa su origen en la reclamación de las sufragistas del siglo XIX sobre sus derechos sociales que buscan la participación política de la mujer en el voto democrático. Este *feminismo de equidad* o *liberal* de mujeres que siempre rechazaron el aborto, máxima agresión masculina hacia la mujer y el feto femenino. Sin embargo, en ese momento empieza el lineamiento político de la mano de un feminismo angloamericano que pone el énfasis en el individuo, excluye la familia como comunidad y tan solo sitúa su preocupación en la introducción de la mujer en el contexto político de la época. A continuación, emerge el feminismo socialista francés y alemán que apunta a Engels y a Marx para trasladar la lucha de clases entre ricos y pobres, al enfrentamiento abierto entre hombre y mujer que destroza la relación familiar de pareja para solventar los conflictos femeninos, en tanto en cuanto el hombre quede sometido. El concepto base de esta actitud vital es que la mujer es la primera propiedad privada del hombre y su opresión es la primera dominación de clase. Así, los planteamientos explícitos de liberación sexual, de corte maltusiano, se enuncian desde la perspectiva de que, si el hombre no tiene hijos, ella tampoco los tendrá, no existe nada que pueda obligarla a pasar por ellos, como signo de igualdad, para lo cual se usarán anticonceptivos, aborto y promiscuidad. La familia y el matrimonio son instituciones opresoras y, para librarse de ellas, es imprescindible la abolición de la maternidad y la paternidad, la despenalización del aborto y la anticoncepción. De esta ideología de finales del siglo XIX y de todo el siglo XX se ha conformado lo que nuestra sociedad es hoy en día ideológicamente. Basta con observar la reacción de la inmensa mayoría de las personas ante las familias numerosas y la maternidad en general, para recibir la impresión certera de que se juzga y se tiene por humillante y vergonzante, dándose prioridad a la comodidad, los títulos universitarios, la riqueza y el reconocimiento social antes que a la construcción de una familia, todo lo cual produce una aguda soledad que está destruyendo al ser humano, social y emocionalmente, afectivo por naturaleza. Un ejemplo de esto es la creciente costumbre del hijo único europeo, o la política del hijo único chino, que ha desencadenado en una suerte de homosexualismo social y obligado como medio accesible para satisfacer las necesidades afectivo-sexuales de los varones, además de la práctica del aborto y el infanticidio en el caso del nacimiento de niñas.

Sin embargo, observando la historia, se aprecia que Europa creció cuando la empresa era un negocio familiar. Destruida la familia, el comercio asiático acapara el mercado, y el vínculo de la sangre se debilita fijándose la independencia y una pretendida madurez individual de los jóvenes en el desapego y la ruptura con la familia de origen. Este cambio ideológico es parte fundamental del feminismo, tierra de cultivo de la ideología de género.

Según la abogada Gloria Naranjo de la Universidad Pontificia Bolivariana de Medellín, en un segundo momento la formación y evolución del feminismo da paso a un *feminismo de género o radical*. En los años 60 la publicación de la obra «El Segundo Sexo» de Simone de Beauvoir y «La ilusión femenina» de Betty Friedan, de raíces marxistas junto con las del liberalismo sexual, impulsan el inconformismo social de los jóvenes que se sienten oprimidos, el movimiento hippy pacifista, droga, alcohol y relaciones sexuales libres, sin compromiso, informadas y puras, y promoción de la convivencia prematrimonial como test cosificador de las personas, a las que probamos dando un uso hedonista del cuerpo. La revolución estadounidense, bien divulgada por los medios de comunicación que han dominado prioritariamente desde que comenzó su difusión, ha sido aceptada como signo de progreso y revolución en Europa. Éste promociona la igualdad de naturalezas femenina y masculina, anulando las diferencias sexuales, afectivas, emocionales, psicológicas y físicas, como si éstas fueran la causa de la lucha de clases entre sexos, considerando la identidad sexual como resultado de un contexto sociocultural educativo y familiar, ajeno a la corporalidad identitaria de la persona que es sexualmente neutra en su nacimiento.

Por aportar una constatación española a la incursión de la ideología de género en nuestra sociedad, actualmente, las leyes LGTBI penalizan a quienes se niegan a divulgar o apoyar la ideología de género. Algunos centros educativos son objeto de multas y otros están bajo amenaza de la retirada de la financiación del concierto educativo si son de educación diferenciada. Hace pocos años, el grupo de asignaturas de EpC (Educación para la Ciudadanía) constituyó un conglomerado de la Nueva Ética Global pero fue retirado gracias a la presión social de asociaciones de padres, educadores e intelectuales activos socialmente.

Un tercer *feminismo revisionista* que regresa al de equidad surge a finales del s. XX y principios del s. XXI. Una diputada de la Unión Europea, Badinter, dice que las mujeres no estamos dispuestas a renunciar a la maternidad por la productividad del trabajo. Habla del hombre como compañero, del deseo de ser madres y trabajadoras al mismo tiempo, de la implicación de los hombres como padres en la educación y el trabajo doméstico. Además, resalta que la liberación sexual no liberó a la mujer, sino que la esclavizó más aún al verse presa del uso de anticonceptivos hormonales, por ejemplo, que afectan a la salud femenina seriamente siendo, por ejemplo, la primera causa de enfermedades cardiovasculares en mujeres en Latinoamérica. Este feminismo es positivo, es real, y construye sociedades familiares en las que los hijos pueden crecer fuertes y seguros sabiendo a quién pertenecen y quién los guarda y educa en el amor.

El feminismo promueve el progreso de la mujer en tres espacios: la lucha contra el patriarcado, la subordinación de la mujer y la igualdad entre hombre y mujer. Las herramientas de poder del feminismo giran en torno a organizaciones y movimientos sociales, capacitando las luchas sociales, estableciendo contiendas políticas que apunten directamente al ámbito educativo, legislativo, sanitario, cultural y artístico, construyendo una propuesta a la que el común de la población tenga acceso fácilmente. Se da en este punto la gran contradicción del progreso de la mujer: debe renunciar a su esencia femenina, a sus rasgos de dulzura, ternura, maternidad; y ha de hacerse fuerte, dura, y ocultar sus emociones, para lo cual ha de ser formada, entrenada en estrategias para vencer esa debilidad.

En la cuarta ola feminista, la más reciente, se genera el *ecofeminismo*, como una forma de pensamiento integrador que rechaza los dualismos y pone en valor la liberación femenina sincronizada con la liberación de la naturaleza. Quien acuña el término feminismo o ideología de género es Christina Hoff Sommers que, en su obra, «¿Quién robó el feminismo?» distingue el de género del de equidad. A ella se une Judith Batler, que explica cómo el género es una construcción cultural radicalmente diferente del sexo, a pesar de que ella misma lo identifica, como Bella Abzuque lo presenta como un simple rol adquirido a lo largo de la vida, determinado por el contexto sociocultural, familiar y religioso. Otra exponente del feminismo de género es Shulamith Firestone, defensora del incesto como una simple orientación sexual personal, y estructura los tres puntos clave de este feminismo: una absoluta revolución sexual de clases, un absoluto control de la revolución sexual de la mujer y una absoluta liberación sexual, sin importar con cuántas personas se mantengan dichas relaciones, el vínculo familiar que haya entre ellos, la edad de las personas implicadas, etc.

Se debe mencionar al Dr. John Money, que profundiza en la teoría de la naturaleza neutra del ser humano al nacer y a los ideólogos de la revolución sexual, Wilhem Reich y Herbert Marcuse, cuya posición se ancla en el fracaso del marxismo en cuanto a la lucha de clases, eliminada la religión y la propiedad privada, solo podía traspasarse la necesidad de lucha a la propia identidad humana, con lo cual, es la lucha de sexos la que ocupa entonces sus intereses, siendo ésta, en realidad, la evolución marxista del enfrentamiento crónico. La presión comienza en el matrimonio monógamo, que oprime a la mujer impidiéndole vivir la genitalidad disociada de la procreación. Ésta es ahora su nueva revolución.

La orientación sexual se trata, pues, de una construcción cultural, social y del racionalismo humano; es ilimitada y crea la propia naturaleza; depende de una elección y anula cualquier frontera entre hombre y mujer. Téngase como muestra la lista de 20 géneros distintos que elabora Catherine Branson, presidenta de *Australian Human Rights Comission* y los 112 de la ONU. Esta ideología promueve la alianza con el *lobby* gay de los años 80 con el fin de *deconstruir o desmontar* la familia, la cultura, la religión, el lenguaje, la maternidad, la sexualidad, la reproducción y la educación. Dicho pacto divulga eficazmente la promoción de la reproducción asistida, de la mano de Heidi Hartmann, cuya teoría defiende que los trabajos se segregan tanto por género, que la heterosexualidad es una necesidad de supervivencia por complementariedad económica de hombres y mujeres y que, en sociedades más imaginativas, la reproducción puede ser asistida.

Otra de las ideólogas es Anna Smadjor, de la Universidad de East Anglia, defiende la creación de úteros artificiales con fondos sociales para repartir las cargas de la reproducción, de modo que se libere a la mujer del embarazo, socialmente humillante, y del parto, extremadamente doloroso, evocando la fantasía de Aldous Huxley en «Un mundo feliz».

Vigdis Finnbogadottir, primera mujer presidente del mundo, irlandesa, promotora del cambio en la educación, concibe la educación sexual como el derecho a expresarse a sí mismos, sin cortapisas, y se utilizan vías de alcance a los jóvenes y niños a través de contenidos educativos curriculares, formación de los maestros, distribución de preservativos en escuelas e institutos y, en fin, una educación en torno a la genitalidad que evita un embarazo, pero nunca en cuanto la sexualidad en un sentido completo y dignificante.

Figura destacada por sus afirmaciones es Alfred C. Kinsey, también defensor del género en la educación, incitador a la práctica de la zoofilia, asumiendo que los niños son capaces de mantener relaciones sexuales a cualquier edad y merecedores de ellas como los adultos, para lo cual hay que facilitar la alteración de los criterios morales y diseñar una nueva liberación sexual. Para Kinsey, la visión de la sexualidad de los cristianos es heredera de la paranoia judía, y es pura represión, siendo los homosexuales quienes viven en la normalidad. Según un estudio titulado «El Informe Kinsey: Falsedades e Investigaciones sobre la sexualidad humana», después de 40 años dando credibilidad a los datos de Kinsey y asumiendo las consecuencias sociales a nivel moral e intelectual, varios científicos de distintos orígenes y el FBI demostraron la ausencia de rigor científico de su teoría. Para ello, desvelaron la manipulación de la muestra estadística y la elección atroz y sesgada de la misma, habiéndose utilizado a bebés expuestos a vejaciones y abusos por parte de presos peligrosos. La conclusión de Kinsey fue que los pequeños experimentaron placer en la tercera o cuarta ocasión en que fueron víctimas de los abusos, ya que no lloraron, gritaron o mostraron percibir dolor alguno. El cambio moral tradicional de Kinsey y sus colaboradores se concentraba en las siguientes estrategias: en primer lugar, establecer la bisexualidad como orientación sexual normal y desinhibida, empujando a los heterosexuales hacia la homosexualidad y rompiendo la estructura familiar, sus valores y roles; en segundo lugar, la sociedad debería entrenar a los niños en la bisexualidad de la mano de generaciones superiores. Esto provocó que la ciencia transformara el catálogo de enfermedades mentales excluyendo la homosexualidad de entre ellas, a menos que se trate de una egodistónica, que impida la felicidad al sujeto, negándose cualquier relación entre homosexualidad y causas genéticas, hormonales, biológicas, glandulares o constitucionales del sujeto. Resultan de interés los trabajos de Van den Aarweg, que insiste en que las formas de homosexualidad no son elección sino conflictos a resolver siempre que sea posible, así como los escritos de algunos colegas de Kinsey que se esforzaron por aclarar que: «Es de vital importancia que todos los profesionales en el campo de la salud mental tengan presente que el hombre o mujer homosexuales son fundamentalmente un hombre y una mujer por determinación genética y que tienen tendencias homosexuales por preferencia aprendida»[23]. Hoy en día se mantiene la controversia entre un gran número de especialistas que continúan tratando de llevar a cabo una *terapia de restauración sexual* en la línea de acción de Kinsey y otros científicos y profesionales de la salud que consideran la homosexualidad como un tipo de neurosis

---

23. Van den Aarweg, G. *Homosexualidad y esperanza*, Eunsa, Pamplona, 1997, 48.

originado en un complejo de inferioridad que abriga una particular autocompasión infantil[24].

Para Kinsey, son adictivas las relaciones maritales, que preservan la fidelidad de la unión conyugal. Sus conclusiones siguen condicionando las decisiones sobre política de salud sexual y/o reproductiva, y aportan el contenido de los planes educativos en materia de sexualidad en todo el mundo. La consecuencia directa ha sido un proceso de desposeimiento de la procreación y el amor con respecto a la sexualidad que se inicia en la década de los 70 con el amor libre, continúa en los 80 con las TRHA, se agrava en los 90 con la ruptura entre sexo y naturaleza a través de la clonación, y se culmina en el siglo XXI con la fractura completa entre sexo y persona con la clonación de embriones humanos. Otra consecuencia de las teorías de Kinsey es el desposeimiento de la paternidad hacia los varones. Al biologizarse de manera solitaria la filiación exclusivamente en el útero materno, al padre le es arrebatado el hijo y su especificidad masculina. Además, defiende la pedofilia como una simple orientación sexual más, lo cual debería ser motivo de despenalización a nivel legislativo y social.

En 2005 la Asamblea Nacional de la ONU urgía en una declaración a los gobiernos a prohibir todas las formas de clonación humana por incompatibles con la dignidad y la protección de la vida humana. A pesar de éstas y otras manifestaciones, en la actualidad se tiende a la orientación de una ética social condicionada por lo políticamente correcto y por la construcción mental y técnica que se realice de la persona, abriéndose la puerta hacia la utilización de las células madre de diversos orígenes, habiéndose demostrado una eficacia irrelevante en el uso de las embrionarias, mientras que sí se comienza a constatar la utilidad de las células madre adultas.

---

24. Van den Aarweg, G. *Homosexualidad y esperanza, op.cit.* 28.

Se da la circunstancia de que la emergente teología de género reinterpreta la Biblia desde una diosa padre y madre, y no el dios padre de una religión dominada por hombres, ideada por apóstoles controladores que querían evitar el sacerdocio femenino (*Catholics for Choice*) justifica el aborto y entronca con la pretensión extendida y asumida sin cortapisas en la sociedad de encubrir la femineidad con vestidos neutros, lenguaje dual, cupos en política, la vulneración de la libertad de elección de línea educativa por parte de los padres, de profesión de fe religiosa y de objeción de conciencia por parte del personal sanitario.

Ciertamente, desdibujadas dentro del feminismo de género, emergen reivindicaciones justas que atraen la atención, el inconveniente reside en la obligatoriedad de acoger el proyecto al completo. El proceso de creación de esta ideología se desarrolla mediante una alteración de la realidad. Se crean los objetos paulatinamente a través del lenguaje. Las sociedades dan el contenido semántico a las palabras inventando la realidad e inculcándola en las generaciones nacientes de modo tenaz, pertinaz y eficaz. Existen diferentes estrategias eficaces para la transformación de la realidad a través del lenguaje.

Las conferencias internacionales que ofrecen el control de la natalidad como derecho humano, parte fundamental de la ideología de la International Planet Parenthood Foundation o IPPF. Margaret Sanger, ídolo feminista y pionera del de género, funda un periódico para la mujer rebelde como hito comunicacional, anima al control de la natalidad como política racista y denigra a la familia numerosa identificándola con el descuido, la tristeza y la miseria, mientras que la familia de dos hijos es el prototipo de la familia feliz. De ahí viene la nueva arquitectura reducida de casas pequeñas sin espacio para más de dos hijos, ni para los abuelos o las mascotas.

Una estrategia utilizada son los postgrados de género, en los que se promulga la segregación de los imbéciles, básicamente latinos y negros, peso muerto de miseria humana que nunca deberían haber nacido, cuya natalidad hay que limitar para deshacerse del indigno y del defectuoso. Los deficientes, además, no deben ejercer su derecho a reproducirse, han de ser esterilizados. Un ejemplo fehaciente es la historia de EE.UU., en donde para el año 1945 habían sido esterilizados forzosamente cerca de 45.000 enfermos mentales. El caso de Virginia es especialmente significativo, ya que solo en este estado se aplicó la misma práctica a más de 8.000 niños discapacitados y enfermos de epilepsia entre 1927 y 1972[25]. En este sentido, es parte del protocolo médico en el embarazo en muchos países, entre ellos España, la prueba de la amniocentesis para determinar la selección elitista de las clases acomodadas, para preservar la estirpe superior de hijos bien dotados y eliminar los inferiores que no aportan nada a la sociedad. Un dato interesante es que, en EE.UU. y España, tres de cada cinco abortorios están en barrios latinos y de negros, es un genocidio silencioso. A los cristianos se les acusa de fundamentalistas, homófobos, dañinos para la raza humana y se denostan los servicios de atención a la maternidad que ellos dirigen porque prolongan la miseria de los ineptos.

En el proceso de transmisión de la ideología de género, el 70% desde la década de 1960, son trabajos de las Naciones Unidas en torno a derechos humanos, asuntos de mujer, ecologismo extremo y desarrollo sostenible. El funcionamiento parte de la premisa de una afirmación de la ONU, un grupo de técnicos elaboran un borrador sobre la problemática que van a trabajar, la presentan ante los delegados de las precomisiones que se nombran en diversos

25. Gómez Fröde, C.; «Eugenesia: moralidad o pragmatismo» Gaceta Médica e México, 2013; 149; p.477.

países que se reúnen en Nueva York. Cada una de ellas plantea el problema inicial y todas las derivaciones que surgen en el debate, analizan la realidad de su país de acuerdo con la problemática planteada, se desechan las opiniones contrarias y se elaboran conclusiones. En esta etapa del proceso, la ONU expone unas cifras de necesidades y estadísticas de los países, aunque hayan sido conducidos por ellos mismos, como si fueran el clamor de la población, a pesar de la manipulación de la muestra de la que excluyen a los disconformes y selecciona determinadas ONG capacitadas para ejecutar proyectos de desarrollo, apoyo, asesoramiento, salud, etc. Hay de considerar que estas ONG son solo las que la propia ONU autoriza a llegar a la Cumbre. Paralelamente se convocan reuniones que se focalizan en *lobbies* que aportan ideas, actividades, herramientas, que quedan plasmadas en fichas predeterminadas, las que realizarán las comisiones de los países. Los relatores recogen en lenguaje de la ONU los planteamientos al modo de la política internacional. El trabajo del *lobby* consiste en convencer a sus países para que acepten las propuestas. Muchas de ellas son verdaderas necesidades, el analfabetismo y la violencia machista, por ejemplo, y es eso lo que se hace atractivo a los ojos de las personas que escuchan. A continuación, aparecen los proyectos de multinacionales con intereses económicos. Se presentan los proyectos y las financieras para darles cobertura económica. Es decir, se analiza la realidad, se detectan necesidades reales en los países, se añaden otras que resultan beneficiosas para las financieras, y se plantean nuevos proyectos que incluyen las reales y las fabricadas, para lo cual se va generando una ideología concreta que reeduca a la población. En este espacio de necesidad y oferta, se abren oficinas permanentes en la ONU. Para cada objetivo se eligen líderes y se les hacen ofertas, se presentan las ONG escogidas y se financian cursos y postgrados de especialización para establecer políticas sociales más claras, se elabora el proyecto en común y se financia al 100%. Algunas ONG poderosas en este proceso son IPPF; Comité Latinoamericano del Caribe para la Defensa de los Derechos de las mujeres, CLADEM; Católicas por el Derecho a Decidir, CDD; Population Council y Banco Mundial. Entre las financieras se alzan en primer lugar las Farmacéuticas y, cuando declinan las ONG, simplemente se sustituyen por otras o se refundan las mismas con otro nombre.

Estas informaciones desbancan la idea internacionalmente divulgada de la ONU como benefactora y defensora de todo tipo de causas humanitarias, sin embargo, se comprende su evolución sabiendo que, en 1942, se crea por la urgencia de una tremenda crisis que precisa defender la dignidad humana, y que la perversión hace su incursión de modo simultáneo a la constatación del enriquecimiento que proporciona, los donantes desinteresados declinan en su fidelidad de donaciones y la ONU se balancea hacia las multinacionales, por ejemplificarlo, SINTEC es la farmacéutica que más ha invertido en Latinoamérica, en los proyectos de salud sexual y reproductiva, financiando lobbies, encuentros, formación en ámbitos educativos, introduciendo el uso de preservativos entre los jóvenes convencidos de que los necesitan gracias a sus informes y, de este modo, se garantizan un cliente fiel durante una media de 35-40 años. A continuación, se crea una nueva necesidad: blanquear el dinero a través de ONG, para lo cual se buscan agencias de desarrollo internacional en salud y se transfieren a las financieras como la OMS y el UMPA entregándose el dinero para préstamos internacionales.

De este modo se evitan las resistencias, las denuncias, o los cuestionamientos. Las autoridades locales, reciben financiaciones sustanciosas para desarrollo de verdaderas necesidades en sus demarcaciones dentro del proyecto de la ONU y, de este modo, el proyecto se pone en marcha, junto con la transformación de la realidad con un nuevo lenguaje y la ideologización de género en lo cotidiano. La más grande de estas ONG es la IPPF a cuyo mando como gerente está el hijo de Margaret Sanger, Alexander, con el fin de promover el aborto y la esterilización, aunque evita hablar de la prevención de la transmisión sexual de enfermedades. Es desde la Conferencia de El Cairo que se introduce el concepto de salud sexual, y es en 1968 cuando todas las constituciones del continente incluyen en su marco constitucional el área de derechos humanos con el concepto de salud reproductiva sin tener en cuenta lo que significa. Los textos educativos los recogen los fondos de Planificación Mundial Familiar y ascienden a 17.000 millones de dólares. En Beijing se trata negativamente al matrimonio, la familia y la maternidad, la importancia de vivir las relaciones sexuales sin llegar al matrimonio y la homofobia.

Además, aparecen artistas y líderes políticos homosexuales como paradigmas, se les financia para expandir su imagen solidaria, pero abanderan la eliminación de la tradición y la religión que discrimina a los jóvenes y se habla de religión universal. Se pretende que los jóvenes ejerzan el libre control de su sexualidad desde 1995 sin control paterno.

Frederic Osborn financió el 80% para África y América Latina como presidente de la Sociedad de Eugenesia entre 1946 y 1952, fundador junto con Rockefeller del tercer consejo del *lobby* proaborto, y estratega de la criptoeugenesia y la IPPF. A través de talleres, se diagnostica a quienes están en contra como necesitados de acudir al psicólogo y seguir una terapia para liberarse de convencionalismos y se les recomienda hacer un taller de gestáltica. Todo bajo la financiación de la fundación Rockefeller.

La agenda de género, además, redefine la igualdad. Una vez que la sociedad se convence de que asesine a sus propios hijos antes de nacer, de vivir promiscuamente, solo falta sustituir el concepto de igualdad social por el de igualdad biológica. Por eso la vieja guardia feminista no acepta esta propuesta, ya que la palabra mujer se borra y no cumple con sus objetivos. En este proceso, también pueden convencerse de que son del sexo contrario a aquel con el que nacieron. Sexo se identifica con género. Crea jóvenes que no pueden tomar decisiones asertivas en su vida, *ninis* manipulables en todos los ámbitos, sin resistencia a la frustración, violentos e incapaces de enfocar una meta.

Sin embargo, diferentes fuerzas internacionales, algunas que trabajan ya en ONU y EE.UU., están introduciendo personas clave que desenmascaran todo lo expuesto. Podemos destacar las siguientes: Concerned Women of America, International Right to Life, National Institute of Womanhodd (NIW), Movimiento Cívico de Mujeres, Movimiento Mundial de Madres, ISFEM- Investigación, Formación y Estudios de la mujer, Ayuda a Síndrome Postaborto-Proyecto Raquel; Grávida, ayuda a mujeres embarazadas; RedMadre España; Spei Mater, España; Federaciones de padres de familia. Merece una especial mención la publicación Friday Fax de C-FAM (Catholic Family and Human Rights) con sede en New York que, a través de Austin Ruse y sus colaboradores insertos en la ONU, denuncian vía internet la ya expuesta *agenda de género* con todas sus derivaciones e implicaciones.

Ecofeminismo y ecología profunda; desarrollo sustentable

Aquella tercera ola feminista, el *ecofeminismo* enfrenta todo dueto antitético como modelo de liberación femenina, objetividad-subjetividad, femineidad-masculinidad, humanidad-naturaleza, racionalidad-emoción, etc. Para comprender dicho feminismo parece adecuado remitirse a la transformación de una ecología humana antropocentrista que no olvida proteger y preservar los recursos naturales como medio de vida y entorno saludable, en una nueva concepción ecocentrista que confiere consideración moral a toda entidad viviente, como una nueva forma contemporánea de panteísmo animista. Puede aceptarse como cierta la necesidad urgente de cuidar el planeta y sus recursos naturales para que la humanidad pueda seguir progresando y existiendo sobre la tierra, y por responsabilidad sobre los recursos que gestionamos. Pero lo que hace la N.E. es personificar los elementos naturales y extremar la problemática identificando al ser humano como a un invasor irresponsable de la tierra, o Madre/diosa Gaia, la cual no perecería aunque el ser humano se autoextinguiera, en cierta indiferencia contradictoria con un pretendido sufrimiento de Gaia por el abuso de los hombres. Es ésta la que se llama *ecología profunda* que niega las diferencias entre la existencia humana y la animal y vegetal. El problema de la dignidad del ser humano y el concepto de persona subyace abiertamente en esta teoría y en su praxis. Hablan de una *igualdad biocéntrica*, por la que una montaña, un río, una flor, tienen la misma dignidad y derecho a la realización personal que un individuo, por los cuales la ecología se convierte, al mismo tiempo, en una filosofía y una forma de activismo. La sanación vendrá de un cambio individual, social, ético y político. Se invita así a la retrospección, la armonía y la danza de la unidad entre humanos, plantas, animales y la tierra. Sin embargo, la resistencia del ecologismo profundo ha degenerado con mucha frecuencia en *ecoterrorismo* y *ecosabotaje*, con la premisa de que una buena causa justifica cualquier medio de consecución.

Los llamados grupos Verdes y los Partidos Humanistas intentan obtener de los gobiernos leyes que regulen el crecimiento demográfico para librar a la *Madre Tierra* de la acción corrosiva del hombre, que ya no es creado a imagen y semejanza de Dios sino una aberración entre los seres vivos, corrompido por la ausencia de conocimiento y de conciencia superior iluminada, como puede verse en el «Boletín Digital Escuela Claridad» que publica cada plenilunio la llamada Carta Circular de Acuario.

Para John Christy, director del Centro de Ciencias de la Tierra, en la Universidad de Alabama, y miembro del equipo de científicos del Panel Intergubernamental sobre Cambio Climático, las tesis de Al Gore no se sostienen. En su opinión, es un atrevimiento la previsión sobre el futuro del clima en años venideros y sus inclemencias no son debidas a la mano humana debido a que en la historia del planeta tierra se han sucedido cíclicamente cambios cruciales, como sucede con el nivel de mar que varía continuamente y con el casquete polar ártico que ya se ha visto reducido anteriormente.

Para Justice Burton, juez del Tribunal Superior de Londres, la decisión gubernamental de proyectar la película «Una Verdad Incómoda» en los colegios británicos constituye un error, debido a que la cinta está llena de errores y alarmas sin fundamento. Por su parte, Robert Lizden, meteorólogo del MIT, tras realizar un exhaustivo estudio sobre el tema, ha concluido que el incremento del CO2 en la atmósfera es sencillamente un resultado del cambio climático y no su causa.

En línea con esto encontramos la doctrina de la *Carta de la Tierra*, la teoría del desarrollo sustentable y el Proyecto Gran Simio. En palabras de David del Fresno[26]: «Dentro de los dogmas de fe más contundentes de nuestra moderna sociedad del conocimiento, el primer mandamiento es, por extraño que parezca, la concepción del desarrollo humano como el enemigo potencial de todos los animales (incluido el hombre), de todas las plantas y, en definitiva, de todo el planeta». Continúa diciendo que este proceso viene de antiguo, desde inicios del s. XX, cuando empezaba a circular en los ámbitos intelectuales, científicos, académicos y po-

---

26. Del Fresno, D. *De Darwin a Rockefeller: el nuevo orden mundial* [Publicación en línea] <http://es.catholic.net/sexualidadybioetica/359/809/articulo.php?id=44314> [Consulta: 7/2/2011]

líticos occidentales la concepción del hombre como mero animal, despojado de la dignidad que le es intrínseca, y que le sitúa por encima del resto de los animales.

Varios estados de Norteamérica aprobaban por aquel entonces diversas leyes que promovían la esterilización forzosa de las razas inferiores con el apoyo explícito de tres importantes entidades académicas y científicas norteamericanas: La Academia Nacional de Ciencias (National Academy of Sciences), la Asociación Médica Americana (American Medical Association) y el Consejo Nacional de Investigación. La Banca de Rockefeller apoyaba la eugenesia y los eugenesistas nazis cambiaron de nombre después de la 2ª Guerra Mundial pasando a denominarse Darwinistas Sociales, porque él probaba la existencia de la evolución como una ley natural y la llamó la *supervivencia de los más aptos*. Sin embargo, esta explicación darwiniana es una falacia lógica llamada razonamiento circular: ¿Quiénes son los más aptos?, los que sobreviven. Y, ¿quiénes son los que sobreviven?, los más aptos. A pesar de esto, el principio darwinista pronto generó toda una estructura ideológica para la justificación moral que necesitaba el clan Rockefeller para llevar a cabo sus actividades encaminadas a eliminar la competencia.

En un estudio publicado por el Club de Roma, fundado por la familia Rockefeller, se declara que la contaminación, el calentamiento global, la escasez de agua y el hambre son causados por la humanidad, que es el verdadero enemigo. Para aniquilarlo ha de seguirse un proceso progresivo, que evite una rebelión incontrolable y violenta que podría darse si se atacara a los culpables frontalmente, para lo cual, será mejor hacer uso de un proceso gradual y atractivo que lo haga aceptable para la mayoría de la población.

Finalmente, a pesar de todos sus esfuerzos, han llegado a aceptar que el crecimiento de la población del planeta es incontrolable y la única forma de lograrlo pasa por la implantación de un sistema político y económico, el Nuevo Orden Mundial, partiendo de las siguientes premisas: el sistema político democrático está agotado. El sistema económico capitalista está agotado. El cristianismo es el mayor obstáculo para la implantación de una nueva y necesaria mentalidad ecológica universal.

Este nuevo proceso persigue la destrucción intelectual del cristianismo y su moral asociada, sustituyéndolo por un nuevo sistema ético universal consagrando la ecología como religión única y mundial. Así pues, se fomenta el relativismo, el ecologismo panteísta, el ocultismo y la magia, y el éxito de las novelas, comics y dibujos animados en los que se exalta la veneración de la madre naturaleza como fundamento de la verdad y del bien.

Bajo el mismo enfoque nace el Proyecto Gran Simio que reclama el reconocimiento de los simios a nivel de homínidos no evolucionados, ancestros de los seres humanos. Singer niega la diferencia entre el ser humano y el gran primate, defiende que la personalización se produce con el paso del tiempo, y eso permite que no sólo defienda el aborto sino la posibilidad de matar a un recién nacido sin que ello implique ninguna responsabilidad moral. Como contrapartida ejerce una defensa radical de la vida de los animales. Desde estos argumentos propios del pensamiento ilustrado de los siglos XVIII y XIX, considera que Dios no puede existir porque en el mundo hay sufrimiento. En nuestra época, ante la ausencia de sentido, los animales son la respuesta. El sufrimiento animal se debe a la acción del hombre, estando ellos libres del pecado original.

El paradigma de *desarrollo sostenible* transmite muy bien la idea de una nueva ética que reinterpreta la salud y los derechos humanos y endiosa el medio ambiente. El nuevo código ético del desarrollo sustentable se expone sistemáticamente en la Ética Planetaria de Hans Küng y en la *Carta de la Tierra* bajo el respaldo y elaboración de Leonardo Boff. Según definición de la comisión Bruntland, «el *desarrollo sustentable o sostenible* es el desarrollo que satisface las necesidades del presente sin comprometer la habilidad de generaciones futuras de satisfacer sus propias necesidades»[27].

En 1992 se celebró en Río de Janeiro la *Cumbre de la Tierra* convocada por la ONU. Los acuerdos de este congreso se recogen en la conocida *Agenda 21* que insiste en implementar programas efectivos de antipobreza mediante el control demográfico, ideología de igualdad y de género, y salud pública y reproductiva. Más tarde, en Río +5, en 1997, se consagra el término de desarrollo sustentable con todas sus consecuencias: la ética global ha de ser incorporada en las legislaciones de los países; debe realizarse a través de un consenso de pensadores, autoridades religiosas y políticas, dirigentes civiles y grupos de ciudadanos; para desempeñar esta nueva ética, los individuos deben reconsiderar sus valores personales y modificar sus pensamientos, controlando a aquellos ciudadanos que se nieguen a aceptarlos.

Ciertamente, esto ataca directamente a la libertad personal que se ve cercenada en sus más íntimas decisiones, como la paternidad y la fe religiosa. El documento de Ética sostenible publicado en Caracas, 1991, por la UNESCO, llega a afirmar: «el progreso industrial de los países desarrollados no se extenderá a los países tercermundistas (…) para evitar que los pobres, que serán mayoría en el futuro, dañen los ecosistemas del mundo por tratar de desarrollarse a cualquier precio».

En la misma línea, se ha extendido el miedo a las migraciones, bajo el cual se esconde la intención ya expuesta de segregar a las

---

27. Sanahuja, J.C., «El desarrollo sustentable», en Tomás y Garrido, G.M. *La Bioética: un compromiso existencial y científico*, UCAM, Murcia, 2005. 149-175.

civilizaciones inferiores, no merecedoras de crecimiento demográfico, ni de progreso (Conferencia de El Cairo, 1994). El paradigma del desarrollo sustentable fija *el sentimiento de la mayor parte de la gente* como el criterio práctico universal para los experimentos de fecundación artificial (Informe Warnock del Reino Unido en 1984), aglutina un nuevo paradigma de salud, reinterpreta los derechos humanos y el endiosamiento del medioambiente. Los organismos internacionales lo llevan a cabo amparados por la OMS, que aplica el principio del costo-beneficio para la salud. Lo más elocuente es la declaración del exdirector general de la OMS, Hiroshi Nakajima: «…Por ejemplo, en supervivencia infantil poco sentido tendría para un niño sobrevivir a la poliomielitis tan solo un año, para morir de paludismo el año siguiente, o no tener un crecimiento que le permita llegar a ser un adulto sano y productivo»[28]. Es apreciable cómo el nuevo criterio de *la calidad de vida* se sitúa por encima del de simple valor inmaterial de la vida humana. El nuevo código ético para la humanidad será una nueva religión universal panteísta en la *Carta de la Tierra*, y la *Ética Planetaria* de Hans Küng para proporcionarle sustento ético al Nuevo Orden Mundial, todo lo cual le confiere al desarrollo sustentable categoría pseudoteológica. La autora de estos presupuestos mundiales es la comisión Brundtland, que toma su nombre de la presidenta de la ONU organizadora de la I Conferencia sobre medio ambiente celebrada en Estocolmo en 1972. En 1987 la misma Comisión se reúne para estudiar los problemas relacionados con el medio ambiente y publica un informe bajo el título de *Nuestro Futuro Común*. Ésta es la cuna del concepto de desarrollo sustentable o sostenible, el cual se define como el desarrollo que satisface las necesidades del presente sin comprometer la habilidad de generaciones futuras de satisfacer sus propias

---

28. Vid. Nakagima, H. *A la 89 reunión del Consejo ejecutivo*, Ginebra, 20/01/1992.

necesidades. La idea es mejorar la calidad de vida de todos los ciudadanos de la tierra sin agotar los recursos ambientales y exige la implicación de todos modificando políticas y leyes que lo regulen. Las declaraciones del Dr. José Antonio Ocampo, secretario ejecutivo del CEPAL, preparando la Cumbre de Río en la reunión con el club de Roma son claras: «El concepto de desarrollo sostenible se ha convertido en el marco de referencia de la agenda internacional, no solo en materia ambiental sino también en el tratamiento por parte de la comunidad internacional de otros temas como la superación de la pobreza, la equidad de género, la población y los asentamientos humanos»[29].

Además de *La Planned Parenthood* con su legalización del aborto y campañas masivas para esterilizar a las mujeres en otros países, muchas veces sin el permiso y otras veces sin ni tan siquiera el conocimiento de dichas mujeres, Unicef participa en las campañas de esterilización no consentida en países subdesarrollados. Desde 1996 el Vaticano retiró su contribución y apoyo a Unicef y le reprocha su política favorable a la contracepción y a la legalización del aborto. Según muchos autores, entre ellos *Jean Guilfoyle*, en su artículo *UNICEF y el control de la población*, Unicef es responsable de financiar con los ingresos de las aportaciones generosas de sus donantes a hospitales que practican abortos y esterilizaciones.

El expresidente de la organización Visión Mundial (World Vision), Stanley Mooneyham, en su libro «¿Qué se le dice a un mundo hambriento?», dice: «Si usted reconoce este problema [el de la población] como algo vital en el sitio donde vive, seria provechoso investigar qué servicios existen para la planificación familiar en su comunidad. Insista en que se hagan debates públicos sobre el control de la natalidad, el aborto, la inseminación artificial, el control genético y el control de la muerte en su iglesia o en los programas

---

29. NG 82/01, Informe nº 471, ONU-CEPAL, 27/12/2001.

sociales. Algunos de estos temas lamentablemente parecen estar fuera del interés de los cristianos». Incluso las organizaciones que promueven la conservación del medio ambiente favorecen el control demográfico, Una organización titulada Amigos del Mundo decidió que la solución [al problema del medio ambiente] es dar a los padres de familia una licencia. Dicen ellos: «si las medidas menos severas para el control de la procreación fallasen, tal vez algún día la procreación llegará a ser un delito contra la sociedad con castigos si los padres no tuvieran una licencia del gobierno para tener familia. O, quizás, a todos los que pudieran procrear se les exigiera usar alguna sustancia química anticonceptiva y el gobierno les daría un antídoto solamente a los ciudadanos elegidos para la procreación»[30].

En 1992, el PNUMA (Programa de las Naciones Unidas para el Medio Ambiente) encabezado por Mostafá Tolba, y la Comisión de Desarrollo Sustentable de las Naciones Unidas firman en Glad, Suiza, lo que denominan Principios para vivir de modo sostenible, en cuya elaboración participa el propio PNUMA, el WWF (*World Wildlife Fund*) y la Unión Mundial para la Naturaleza. Según sus firmantes, se deberá iniciar un diálogo con autoridades civiles, religiosas, gubernamentales, pensadores, dirigentes, grupos de ciudadanos cuyas conclusiones se incluirán en todas las leyes de los países y en el comportamiento individual y colectivo de las sociedades. Además, habrá una comisión que vigile por su cumplimiento. Destaca uno de sus principios que no es otro sino el equilibrio entre la capacidad de carga de la Tierra, el volumen de la población y los estilos de vida de cada individuo. Las estrategias necesarias serán, pues, limitar el tamaño de las familias como interés mundial para que la paternidad y la maternidad pasen a ser temas de estado, la inclusión en las constituciones de los principios de sos-

---

30. Constance, E. *The Hidden Dangers of the Rainbow, op.cit.* 154.

tenibilidad, y la imposición de esta ética, amparada por el cuerpo legislativo, de modo que su obligado cumplimiento permita pedir cuentas a las naciones que lo incumplan por el bien mundial. Un dato interesante es que Lawrence Summers, funcionario del banco mundial y subsecretario del Tesoro de los EE.UU. durante el mandato de Clinton, convenció a los delegados en la Cumbre de Río de que las industrias más contaminantes deberían ser trasladadas al Hemisferio Sur por dos motivos: la vida de un inglés vale más que la de cientos de indios por la esperanza de vida que estos tienen, y porque allí pagarían muchos menos impuestos que en el Norte. Esto es una forma de racismo económico, «quien contamina paga y quien utiliza paga» implica que los países del sur pagan más por la contaminación producida en sus tierras, recaudan menos impuestos a los contaminantes, y pierden vidas gratuitamente.

También en 1991, la UNESCO afirma desde Caracas que es indiscutible la limitación de los recursos disponibles y el espacio de la tierra, por lo que el progreso industrial del Norte no ha de extenderse al Sur, cuya culpa y desencadenante de su subdesarrollo es el descontrol demográfico. Actualmente, en 2018, estamos observando los flujos migratorios del sur hacia Europa y Norteamérica, hecho que ya en 1991 calificaba la UNESCO de consecuencia lógica y trágica del no cumplimiento de un equilibrio entre natalidad y desarrollo ético sustentable. Desde la Conferencia de El Cairo se divulga el miedo a los refugiados y los grupos migratorios, a lo que la OMS, el Fondo para la Población y el Alto Comisionado de las Naciones Unidas para los Refugiados distribuyen entre las mujeres refugiadas en la zona de Grandes Lagos de África abortivos postcoito, en lugar de medicamentos básicos necesarios, y equipan los campos de refugiados con aspiradores para evacuación uterina, es decir, aborto por succión, presentándolos como sistemas para regularizar la menstruación. En 1997 la OMS reparte ambos recursos a todos los centros de salud de zonas empobrecidas del planeta, ignorando las leyes relativas al asunto en sus países con la justificación de que la salud de la mujer en este caso es más importante que las leyes locales, todo ellos refrendado por el Fondo para la Población y la ONU. Otra de las sentencias de la UNESCO para desempeñar la *ética universal de vida sostenible* se redacta de este modo: «La decisión de tener una familia grande o pequeña tiene consecuencias en toda la sociedad nacional e internacional, es imperativo moral de los estados fomentar la familia pequeña»[31]. De esta imposición de ética universal aparecen términos como el de niño deseado y no deseado. Comúnmente se comprende como acepción de la aceptación o rechazo de la madre pero, por el contrario se trata de un embarazo no deseado por parte de las estructuras estatales o internacionales. En nuestros días, el criterio de productividad es extensible a ancianos y enfermos para favorecer la eutanasia.

A la Carta de la Tierra la llaman *El Decálogo de la N.E.* y ha de ser el código universal de conducta porque fue acordada en la Cumbre de la Tierra en Río, está promovida por dos ONG, Cruz Verde Internacional, presidida por Mikhail Gorbachev, y el Consejo de la Tierra, por Maurice Strong, que es además Coordinador Ejecutivo para la Reforma de la ONU, Consejero General del presidente del Banco Mundial y miembro de la Comisión de Gobernabilidad Global y del Comité organizador del Foro Económico de Davos. Parte del Consejo de la Tierra son Klaus Schwab (fundador y presidente del Foro de Davos), Arnoldo Gabaldón (del PNUD), Ruud Lubbers (del comité ejecutivo del Club de Roma y exprimer ministro de Holanda, miembro de Davos y presidente de WWF), y Jim MacNeil (de la comisión de Gobernabilidad Mundial, Brundtland y otras). Entre los que forman el equipo de redacción de la *Carta de la Tierra* se encuentran: Leonardo Boff, la princesa Rania de Jordania, Steven Rockefeller, Mercedes

---

31. UNESCO, *Diez problemas prospectivos de población*, p.10.

Sosa y Federico Mayor Zaragoza. Como invitados de la Iglesia Católica se incorporaron personas que se sitúan al margen de la doctrina oficial como es el caso de dos miembros de la Asociación Humanista de EE.UU., la Madre Tessa Biellicki y Sir Shridrath Ramphal (antiguo miembro de la comisión Brundtland y autor de *Our country, The Planet,* manifiesto materialista, gnóstico y ateo). Además, en la elaboración de la *Carta de la Tierra* participaron miembros de comisiones oficiales de algunos estados como EE.UU. y Brasil, así como representantes de organizaciones no gubernamentales que colaboran también con la ONU y que son representativas del movimiento proabortista, como es el caso de la Fundación Rockefeller, la International *Planned Parenthood Federation* (IPPF), la Fundación Mc Arthur, y el grupo de Apóstatas Católicas para el Derecho a Decidir.

El impulso de la *Carta de la Tierra* por parte de la ONU fue creciente, incluyéndola entre las metas del milenio, así como los importantísimos soportes financieros del grupo Bilderberg y el Foro Económico de Davos. El secretario general de la ONU afirmó en la inauguración de Beijing+5 *«Nosotros....pertenecemos».* De la mano de Kofi Annan y todo su entramado, se puede hablar de un culto a la *Carta de la Tierra,* dentro del templo del entendimiento universal, que está colocada en el Arca de la Esperanza, réplica simbólica del Arca de la Alianza, en el Centro Internacional del Diálogo situado en Nueva York. Presidió las reuniones para la cumbre de Johannesburgo y fue trasladada allí en forma procesional. La nueva alianza consiste así en un pacto con la diosa tierra, rompiendo la alianza con Dios. En palabras de Gorbachov, «el mecanismo que usaremos será el reemplazo de los diez mandamientos por los principios contenidos en esta Carta o Constitución de la Tierra»[32].

---

32. Sanahuja, J.C., *La bioética: un compromiso existencial y científico, fundamentación y reflexiones,* op.cit., 164-167.

Concluyendo, la *Carta de la Tierra* atrapa al ser humano en un materialismo inmanente cerrado a la trascendencia, en un naturalismo y un panteísmo gnósticos y en la divinización panteísta del planeta. Una bruja alemana -Gisela Graichen- hace ver la relación entre feminismo y N.E. de la forma siguiente: «Junto con los adeptos a la N.E., en Alemania se encuentran recíprocamente en el culto de brujas, el movimiento de mujeres, el nuevo paganismo y los movimientos ecológicos. Todos estos movimientos tienen el mismo fundamento; se apoyan mutuamente, y por eso ganan mucho poder».

En concordancia con el ecofeminismo ha aparecido recientemente una variante denominada *ecosex*, que propone un nuevo estilo de vida naturalista, por el que las relaciones sexuales son en honor a la Madre Gaia, con libertad absoluta de emparejamientos, practicándose siempre en entornos naturales, bajo el tinte de la sostenibilidad y la globalización, se declaran amantes de la Tierra, adoradores del sol y las estrellas, propugnan la estimulación sexual con elementos naturales, de acuerdo con la guía de Greenpeace, el uso de afrodisíacos naturales, los baños desnudos en aguas salvajes, la conexión energética interior con las sensaciones que producen en los cuerpos, la alimentación vegana, y todas las medidas conocidas de ahorro energético, suponen una actitud activista y una identidad. Ciertamente, rememora la filosofía hippy en muchos de sus aspectos y, más aún, la comunidad del Monte Veritas y la comunidad de Esalen.

Agenda 2030

Nacida en la Cumbre de Río y precedida por la Agenda 21 con los objetivos del milenio, en la actualidad se está imponiendo la conocida como Agenda 2030, sus 17 objetivos y 169 metas. Estos no representan ninguna novedad en el programa de la implantación del Nuevo Orden Mundial pero son significativamente relevantes debido a que su inclusión en la vida cotidiana se está produciendo a través de líneas de acción asumidas por la ONU, la OMS y el FEM (Foro Económico Mundial). A pesar de que estos organismos no han sido elegidos como órganos de gobierno supranacional, se arrogan la autoridad de realizar acuerdos vinculantes que pretenden transformar directamente la vida socioeconómica y política de los pueblos, incluso por encima de las democracias legítimamente establecidas.

La Agenda 2030 es un claro ejemplo de la manipulación y tergiversación del lenguaje por parte de la N.E. A través de enunciados de metas razonables y objetivos deseables, exponiendo verdaderas necesidades humanas, asi como actuaciones legítimas y justas para atenderlas, se esconden las verdaderas intenciones de la élite mundial fiel al calendario del Nuevo Orden Mundial y, esta vez, de una forma mucho más precisa y peculiar.

Su intencionalidad última es la creación e imposición de un gobierno mundial no elegido democráticamente, para lo cual es necesario hacer insignificantes las soberanías nacionales combatiendo su identidad, especialmente la de las naciones cristianas, y más aún, católicas. Es preciso enumerar los objetivos de la Agenda y comprender las metas subyacentes que merecen un cuestionamiento ético:[33, 34, 35]

33. <https://www.un.org/es/common-agenda/sustainable-development-goals> [Consulta: 1/07/2025]

34. <https://www.youtube.com/watch?v=qoa6skG8DDw> [Consulta: 2/07/2025]

35. <https://www.youtube.com/watch?v=9Z2h8qRu6s8> [Consulta: 2/07/2025]

1. Fin de la pobreza

El deseo de erradicar la pobreza es un deseo y una obligación para todo ser humano que posea una conciencia formada en la elección del bien y la dignidad de cada persona. Sin embargo, la ONU se erige a sí misma en garante único de una distribución y uso de la riqueza y los recursos naturales inaugurando un mesianismo secular que alude directamente a la pedagogía de las emociones, según el deseo innato de felicidad. El trasfondo subyacente propone a los países empobrecidos que reduzcan su población drásticamente, que se mengüe la población mundial un 86% y que todo ello se lleve a cabo sin limitación de recursos. Además, las medidas propuestas a dichos países no lo son igualmente para el mundo del norte, ya que este no se mueve con la irresponsabilidad con la que lo hacen los del sur, esto es, el norte no es causante de su pobreza, como sí lo es el sur. Esta falacia es una maniobra magistral de manipulación, ya que son las multinacionales del norte, el tráfico de armas, de prostitución infantil y femenina, el expolio de recursos naturales, la mano de obra miserable y tantas otras actuaciones reprobables las que han contribuido en enorme medida a la pobreza contra la que se pretende luchar. Sigue siendo, en realidad, otra forma de control de la población a la que previamente han sometido vendiéndoles el producto manufacturado que han fabricado con la materia prima que les han mal comprado o, incluso, robado. Aborto, eutanasia, contracepción obligatoria y disociación de sexualidad y transmisión de la vida siguen siendo las herramientas utilizadas, sin derecho a objeción de conciencia para los profesionales implicados en el proceso.[36]

---

36. <https://eves.san.gva.es/documents/d/sagunto/informe-cbe-sobre-la-objecion-de-conciencia>

<https://www.bioeticaweb.com/la-objecion-de-conciencia-frente-a-la-eutanasia-un-analisis-biojuridico/> <https://www.boe.es/biblioteca_juridica/

2. Hambre cero

Encubre el monopolio de los alimentos y el control de la producción por encima de las políticas y normas de las naciones. La
seguridad alimentaria descrita en las metas se diseña en base a
paliar la emisión de gases producidos por los animales o desgas-
te de las tierras por los cultivos, para lo cual se establecen cupos
de producción que obligan a destruir campos de labor y reducir
drásticamente las ganaderías en España mientras que, simultáneamente, en lugares como Marruecos aumenta día a día la planta-
ción de olivares, asi como de naranjos en Sudáfrica. No se trata de
impedir que otros países prosperen sino de negarse en rotundo a
que, para que eso suceda, los que ya tienen un sistema de producción regulado y establecido pierdan su sustento y se incorporen a
la pobreza que se pretende erradicar. Por si fuera poco, el uso de
pesticidas ya normativizado por motivos de salud en la UE no se
respeta en absoluto en los lugares mencionados como ejemplo, de
los cuales se incrementan las importaciones.[37]

3. Salud y bienestar

Este derecho legítimo se ve empañado por el término salud
reproductiva que incluye el aborto como medio de anticoncepción (contradictorio en su naturaleza porque se aborta a quien ya
ha sido concebido), la eutanasia como gesto de compasión con el
sufriente (siendo otro modo de control de la población) y las esterilizaciones con o sin previo consentimiento en países subdesarrollados como ya se ha mencionado en el capítulo anterior.

anuarios_derecho/abrir_pdf.php?id=ANU-J-2005-10021100260> [Consul-
ta: 12/06/2025]

37. <https://zonaagraria.com/el-gobierno-espanol-incentiva-el-cultivo-
de-olivos-en-marruecos/> [Consulta: 22/05/2025]

A partir del experimento sociológico de los encierros en la pandemia del año 2020, la Agenda ha encaminado una resolución de la OMS, el Acuerdo Global sobre Pandemias, que transfiere la autoridad y decisiones a dicha entidad en caso de emergencia sanitaria mundial, como si se tratara de un gobierno supranacional.[38]

El objetivo es poder imponer una vigilancia y domino masivos de las naciones mediante recursos como los reconocimientos biométricos y la monitorización de los datos personales como condición para el acceso a servicios básicos, lo que atenta directamente contra la libertad de elección, pensamiento y expresión.

4. Educación de calidad

La uniformidad en la educación universal sobre el supuesto de que los responsables de garantizarla según el respeto de los derechos humanos serán siempre los estados. Se asume que debe ser también gratuita, relegando a las instituciones privadas al espacio de una clase alta aristocrática y elitista despreciativa con respecto a las clases trabajadoras. El derecho a la educación es meramente ilustrado y excluye la que sea promovida por instituciones cristianas (a pesar de que fueron las Escuelas Pías de S. José de Calasanz las primeras en ofrecer educación gratuita en el s. XVI). La ideología de género ocupa la centralidad del laicismo de la Agenda, y oponerse al mismo implica la pérdida de apoyos institucionales, de legitimidad pública y de persecución en medios de comunicación.

---

38. <https://www.who.int/es/news-room/questions-and-answers/item/pandemic-prevention--preparedness-and-response-accord> [Consulta: 8/07/2025]

5. Igualdad de género

Todo lo explicado en capítulos anteriores sobre esto se concreta en normas particulares en esta agenda, la paridad en la adjudicación de puestos laborales o políticos, o cuota de género, desprecia profundamente a la mujer elegida para un puesto si dicha elección se produce estrictamente por su sexo femenino y no por sus cualidades y preparación profesional.

En cuanto al empoderamiento se traduce realmente en la liberación de la carga de la maternidad, lo cual nos remite de nuevo al control de la natalidad. La lucha marxista de clases a la lucha entre sexos sigue vigente y se ha encarnado de facto en la crisis generacional de identidad de los adolescentes y jóvenes contemporáneos que carecen del modelo saludable y justo de padre y de madre para su necesario desarrollo psico-emocional equilibrado.[39]

6. Agua limpia y saneamiento

La privatización del agua se esconde tras este objetivo. La política de destrucción de presas en España so pretexto de urgencias ambientales, por ejemplo, a la vez que se construyen en Marruecos, es un buen ejemplo de la hipocresía de los gobernantes adscritos a la Agenda a cambio de enriquecimiento personal y otros beneficios. Un dato interesante es que el agua ya cotiza en bolsa, lo cual constituye un camino seguro hacia dicha privatización en manos de pocas multinacionales.[40]

---

39. <https://www.observatoriobioetica.org/2022/07/crece-el-numero-de-personas-transexuales-arrepentidas-tras-someterse-a-tratamientos-de-transicion-de-genero/39516> [Consulta: 5/07/2025]

40. <https://agriculturawiki.com/desafios-de-la-privatizacion-del-agua-sostenibilidad/> [Consulta: 21/06/2025]

7. Energía asequible y no contaminante

Se exige el rechazo a las energías tradicionales exacerbando la defensa del uso exclusivo de las renovables sin considerar la imposibilidad de sostener dicho modelo debido a la irregularidad de la producción sostenible. Existe una persecución continua y penalización económica hacia los vehículos de gasolina o diésel, aunque se conoce la imposibilidad de alcanzar la misma eficacia con los eléctricos, no olvidándonos del alto coste que deja fuera de la movilidad privada a millones de habitantes. La aplicación de estas indicaciones de la Agenda se pone en práctica experimentalmente en diferentes países y en diversas situaciones sin previo aviso y sin asunción de responsabilidades cuando se dan consecuencias nocivas.[41]

8. Trabajo decente y crecimiento económico

Las declaraciones del cardenal Müller explican al detalle que este crecimiento económico es selectivo, solo para las élites, que utilizan a los pueblos como moneda de cambio y experimentación. En sus palabras: "El diabólico Nuevo Orden Mundial es una pesadilla hecha realidad….Tiene su origen en un pensamiento diabólico, destructivo y no teológico… Las élites financieras y políticas autoproclamadas quedan como sujetos pensantes y controladores, tienen el precio de despersonalizar a las masas, ya no hay persona, no hay inmortalidad del alma. Esto implica la reducción del 99% de la población mundial a una biomasa, un material humano, un grupo de consumidores"[42]

---

41. <https://www.telegraph.co.uk/business/2025/05/23/spains-blackout-story-is-disintegrating/Igual> [Consulta: 25/05/2025]

42. <https://www.religionenlibertad.com/personajes/220923/muller-contundente-diabolico-nuevo-orden-mundial-pesadilla-vuelto-realidad_92292.html> [Consulta: 3/06/2025]

Se trata, en verdad, de una nueva revolución industrial, según Von der Leyen[43], que hará irreconocible a Europa. El capitalismo es, a priori, malvado. La propiedad privada es tiranía y, como se anunciaba en plena pandemia 2020 en un video divulgativo del Gran Reseteo (anuncio oficial de la instauración del Nuevo Orden Mundial), "No tendrás nada y serás feliz".[44]

La elección de bienes y servicios privados, diferentes del sistema público, la posesión de una propiedad de cualquier tipo, son muestras de negacionismo, de una actitud anti ecologista, elitista, no sostenible, irrespetuosa e irresponsable.[45]

Concluyendo este punto, el Gran Reinicio o Reseteo es una propuesta de una economía planificada por el FEM para reconstruir la economía de manera sostenible tras la pandemia de CO-VID-19. Fue presentado en junio de 2020 por Carlos de Inglaterra y Klaus Schwab, el director del FEM. La inauguración de El Gran Reinicio se dio en junio de 2020, donde se reunió toda la élite financiera, tecnológica y política mundial. El lugar de encuentro fue en Davos, Suiza. Este iba a ser el tema principal de la cumbre del FEM de 2021, que se pospuso hasta 2022 en una localización indeterminada.

9. Industrias, innovación e infraestructuras

Según Von de Leyen y Schwab, nos encontramos en la 4ª revolución industrial. Las infraestructuras han de conducir a una

---

43. https://theconversation.com/analisis-del-reciente-discurso-de-la-presidenta-de-la-comision-europea-ursula-von-der-leyen-en-davos-248635> [Consulta: 2/05/2025]

44. https://www.youtube.com/watch?v=kpW9JcWxKq0> [Consulta: 3/06/2025]

45. https://buenanueva.es/muller-implacable-frente-al-diabolico-nuevo-orden-mundial-la-pesadilla-se-ha-vuelto-realidad/> [Consulta: 1/07/2025]

renovación de las comunicaciones y la movilidad. La industria de la innovación incluye desterrar los efectos contaminantes, la Inteligencia Artificial y la filosofía del Transhumanismo sustituirán a las personas aminorando al máximo el efecto de la imperfección de las personas sobre la Madre Tierra. El compromiso de incluir los objetivos de la Agenda en el diseño y la innovación son condición *sine qua non* para recibir soporte y financiación europea y de las naciones en particular.[46]

10. Reducción de las desigualdades

Con el fin de promover este objetivo, la propuesta de la planificación familiar abortista se reitera como instrumento para acabar con la desigualdad y se incluye y destaca el término familia de forma negativa ya que, según la Agenda, todos los países totalitarios han declarado manifiestamente la disolución de la familia (China, Rusia y la socialdemocracia escandinava, entre otros). Este es, en la descripción de sus objetivos, el contexto donde se producen las discriminaciones de base que condicionan el futuro del individuo, los abusos y la dominación.

Paralelamente aparece la palabra religión en un contexto semántico en el que se vincula siempre a la marginación, siendo esta una instancia o medio de discriminación, fuente de conflicto, desencuentro y violencia. Sin embargo, aparece el deporte como alternativa loable a la difusión de los valores y actitudes solidarias, humanas, éticas y morales, ocupando el espacio del cristianismo europeo que recorre la historia de este continente.

La moral se reduce a este altruismo deportivo y el neutralismo del estado es, en realidad, la moralidad estatal que postula la

---

46. <https://muyfinanciero.com/conceptos/cuarta-revolucion-industrial/> [Consulta: 7/07/2025]

Agenda 2030. Así, religión y familia son realidades malvadas en las que el estado ha de intervenir en aras de la ansiada igualdad entre familias, etnias supremacistas y credos religiosos. Los funcionarios de la ONU y de los estados, además de los periodistas de medios generalistas, pasan a encarnar el modelo de beneficencia que da cumplimiento al bien y da razón de la esperanza de la humanidad.[47]

11. Ciudades y comunidades sostenibles

Las comunidades sostenibles plasmadas en ciudades de 15 minutos suponen una reducción drástica de la contaminación y, aparentemente, la ventaja de poder desplazarse en ese período máximo de tiempo a pie o en bicicleta accediendo a todos los servicios que ofrece hoy en día la gran ciudad. La realidad es que es otro medio de control de la población manipulando su movilidad y libre albedrío. Valga como ejemplo de ello la prueba experimental realizada en algunos barrios de París y en Oxford, donde los ciudadanos han roto violentamente las cámaras de vigilancia que controlaban las salidas y entradas y pedían explicaciones a los habitantes de sus movimientos. Por otra parte, esta supuesta ciudad o comunidad de coexistencia ideal es materialmente imposible de construir con todos los servicios y facilidades de las que disponemos hoy en un espacio tan reducido.[48]

---

47. <https://www.youtube.com/watch?v=qoa6skG8DDw> [Consulta: 8/07/2025]
<https://www.youtube.com/watch?v=9Z2h8qRu6s8> [Consulta: 6/07/2025]
48. https://cnnespanol.cnn.com/2023/02/26/como-ciudades-15-minutos-convirtieron-teoria-conspiracion-internacional-trax/> [Consulta: 2/07/2025]

12. Producción y consumo responsables

Los combustibles fósiles y la energía nuclear son considerados una lacra para la humanidad y se propone el liderazgo de los países desarrollados para guiar a los subdesarrollados en el desperdicio de alimentos y utilización de recursos energéticos, lo cual es una falacia asumiendo que la vida y la cultura de los países en desarrollo no se asemeja a la de los del norte.

13. Acción por el clima

En capítulos anteriores ya hemos mencionado este asunto, que vuelve a ser incluido en el relato de la Agenda 2030 como pilar de la vida sostenible en todos sus ámbitos.

14. Vida submarina

A pesar de que este constituye uno de los objetivos más razonablemente defendidos por la Agenda, el peligro se sitúa en la limitación excesiva de la pesca pero no para todos los países, encareciendo enormemente su consumo y haciendo del pescado un producto de lujo, con todas las consecuencias que esto conlleva para la salud.

15. Vida de ecosistemas terrestres

Se prohíbe la tala y limpieza de bosques y montes para respetar la biodiversidad y la vida natural de los ecosistemas, a pesar de que esto está desencadenando la proliferación de virulentos incendios que devastan la flora, la fauna y la foresta. La aparente lucha contra la desertización no es más que una excusa para dejar que la humanidad carezca de la riqueza natural de los montes y bosques, de lagos y pantanos, para que dependa cada vez en mayor medida del poder global unificado.

16. Paz, justicia e instituciones solidarias

En los últimos años se habla a menudo de justicia internacional en la que se penaliza no seguir la ideología de género y la del cambio climático. La paz está basada en el cumplimiento de los objetivos y ya se planifica la creación de un ejército europeo ante las crecientes guerras en muchos lugares del mundo espoleadas por las élites.

17. Alianzas para lograr los objetivos

Teniendo conocimiento completo de que la ONU y los organismos asociados a ella no tienen poder legislativo, ni ejecutivo, ni judicial sobre los gobiernos nacionales, el elenco de alianzas entre países bajo el paraguas del bien común persigue que cada uno de ellos lo lleve a los parlamentos, lo incluya en sus leyes y lo penalice en la estructura judicial si no se cumple. De este modo, no podrán ser acusados de imposición externa sino que podrán siempre aludir a la libertad de los tres poderes de cada nación. Veamos como ejemplo la obligatoria inclusión de los objetivos de la Agenda 2030 en los libros de texto antes de ser aprobados, o en la redacción de los proyectos Erasmus+ para ser susceptibles de acceder a las becas para los proyectos educativos, y tantas otras entidades que deben incluirlos para solicitar subvenciones o ayudas de diversa índole.

Se concluye, al fin, que la Agenda 2030 utiliza un colonialismo ideológico de la N.E. disfrazado de europeísmo sobre países subdesarrollados para lograr que sean ellos mismos quienes adopten sus imposiciones y no se le pueda reclamar nada a Europa. Simultáneamente, los gobiernos europeos comienzan a ejecutar medidas coercitivas en sus propios países convenciendo a las poblaciones de que responden a la corresponsabilidad con respecto al bien planetario. Finalmente, pretende la implantación del Nuevo Orden Mundial de manos de una élite auto elegida para una gobernanza supranacional y global, según Klaus Swchab y George Soros, para disolver las identidades y los gobiernos nacionales, imponer una religión universal panteísta en un proyecto declaradamente contrario al humanismo cristiano y a las libertades en todos sus ámbitos.

SÍNTESIS DE LOS PRINCIPIOS RECTORES DE LA NUEVA ERA EN RELACIÓN A LAS CUESTIONES BIOÉTICAS

Pensamos haber logrado una síntesis clarificadora del modo y los aspectos en los que el pensamiento de la N.E. está presente en este modelo de humanidad, que abarca numerosos campos del saber, Filosóficos, Antropológicos, Bioéticos y Sociológicos, que están incidiendo negativamente en la defensa y custodia de cada vida humana. Señalamos que hay que tener en cuenta:

- La Era de Acuario y el Nuevo Orden Mundial.
- El nacimiento del superhombre gnóstico y el ciudadano holístico de la mano de la Masonería y la Teosofía.
- La «nueva ética» de desarrollo sostenible o sustentable, que se acepta como la nueva religión global panteísta y sincrética.
- El feminismo radical y la ideología de género.
- Planteamientos equívocos de los significados de calidad de vida, vida digna y muerte digna.
- Un ecofeminismo reductivo, consecuencia de una ecología profunda.
- La ley kármica de endeudamiento.
- La identificación del mal y la enfermedad como consecuencias de la desconexión cósmica.

- La confianza en diferentes maestros sanadores y en el determinismo.

- La seguridad demográfica que se traduce como la reducción de la población por cualquier medio, con la intencionalidad de garantizar los recursos suficientes como para mantener indefinidamente el estado del bienestar de los países desarrollados.

- El auge del esoterismo, el ocultismo y el satanismo en respuesta a la búsqueda equívoca de sentido existencial.

Derivadas de estas creencias, identificamos actitudes éticas y hechos consecuentes con éstas y que, con frecuencia, son objeto de aceptación generalizada en categoría de normalización por parte de las sociedades actuales:

- El rechazo a toda moral procedente de la tradición judeocristiana, unido a un creciente y violento anticlericalismo.

- La suplantación de lo sagrado por el desarrollo de prácticas ocultistas y esotéricas que implican la renuncia al libre albedrío de la mano de la superstición.

- La justificación de la violencia, la venganza y la provocación del mal ajeno en aras de la satisfacción personal en prácticas mágicas de diversa índole.

- La legitimación social y legal del aborto, la eutanasia, la manipulación y selección genética, la maternidad subrogada y el homosexualismo.

- La defensa naturalista y animalista por encima del hombre y, particularmente, de la vida del no nacido.

- La denostación en el ámbito público de las manifestaciones a favor de la vida humana.

- La consideración del cuerpo como recipiente accidental del espíritu y la consiguiente utilización reductiva de la sexualidad, centrándose solo en su genitalidad.

- La ruptura del vínculo matrimonial, de la comunidad familiar y las crisis identitarias en niños y adolescentes en cuanto a su sexualidad.
- El control demográfico ejercido por numerosos gobiernos y organismos internacionales para el desarrollo a través de la imposición de la contracepción y la esterilización, así como el desprecio de la maternidad.
- La connivencia de los citados organismos en la manipulación utilitarista de los pueblos subdesarrollados para la implantación del plan de la N.E. con fines de enriquecimiento y poder.
- La manipulación de las conciencias no formadas de las nuevas generaciones en los planes educativos y los postgrados de género para asegurarse nuevos transmisores de dicha ideología en puestos de influencia y gobierno.
- El desprecio por la discapacidad y la limitación psicofísica.
- La privación de tratamientos psicosanitarios a numerosos niños en el espectro de las enfermedades mentales, discapacidades y trastornos de conducta porque son erróneamente considerados niños de conciencia ascendida.
- La imposición de la ética global con medidas legales y judiciales y su incursión en la vida privada.
- El relativismo moral, la negación del mal provocado de modo voluntario y de la responsabilidad que se le asigna al causante.
- La aceptación del sufrimiento ajeno como necesario para el Nuevo Orden Mundial.
- La indiferencia ante la injusticia social y el rechazo de la actitud benevolente hacia la persona, que es consecuencia de la ley de endeudamiento y de equilibrio energético.
- La superioridad de los sanadores, la dependencia del enfermo y su culpabilidad por su propio mal.

- La creación de un nuevo y equívoco lenguaje.

Ante este panorama desgraciadamente desolador, conviene conocer y destacar contradicciones en la ética de la N.E., tales como:

- El rechazo de toda afirmación dogmática junto a la imposición del Nuevo Orden Mundial.
- La exaltación de la liberación de la mujer al mismo tiempo que hipoteca su feminidad en la equiparación psicofísica con el hombre.
- La defensa de la absoluta autonomía moral y, a su vez, la asunción simultánea del determinismo.
- La actitud proeugenésica de la mayoría de los defensores animalistas y ecologistas.
- La defensa del concepto holístico del hombre en contraposición con la teoría del cuerpo humano como accidental e irrelevante.
- Un concepto de tolerancia incompatible con la imposición de la nueva ética global.
- La utilización de un lenguaje correspondiente a la cultura judeocristiana en numerosas manifestaciones de la N.E.

LA PERSONA, ORIGEN Y DESTINO DEL BIEN COMÚN. INFLUENCIA DE LA NUEVA ERA EN TEMAS CLAVE Y PROPUESTAS DESDE LA BIOÉTICA PERSONALISTA

A continuación, tras analizar el proceso histórico de configuración del pensamiento de la N.E. y sus pilares ideológicos, el trabajo se centra en mostrar las propuestas que la N.E. ofrece ante las cuestiones de calado en las que trata de imponer su ideología. Nos detendremos en criterios, hechos y evidencias que atañen a: la vida humana, la persona, la libertad y la dignidad; la sexualidad/corporalidad, la familia y la educación; la orientación sanitaria; el problema del bien-mal, el sufrimiento y la trascendencia. Por contraposición, se realizará un estudio comparativo desde la Bioética personalista, porque esta corriente asume como principio y fin de toda acción a la persona considerada como un bien en sí mismo y poseedora de una dignidad inalienable, hecho que está por encima de cualquier ideología.

A. La vida humana, la persona, la libertad, la dignidad

La vida humana

Desde la N.E.

La N.E. entiende que la condición de ser humano no viene dada por el hecho de ser miembros de la especie humana y, por tanto, personas, sino por una diversidad de motivos argumentales que brevemente exponemos:

1. Numerosos grupos justifican el origen de la vida humana en mitologías ancestrales, por lo que su valor está condicionado por la pertenencia a una etnia o raza de superhombres destinados a salvaguardar su pureza de sangre y su reavivamiento en la recuperación de la gnosis.

2. Dicha pertenencia mítica discrimina la vida según una nueva ética universal de vida sostenible que defiende el derecho de decisión sobre la vida del no nacido y la calidad de vida en ancianos y enfermos con criterios de productividad. Coherentemente, lleva a cabo la eugenesia en todas sus formas financiada por organismos internacionales de corte humanitario, empresarial y financiero.

3. Presenta un enfrentamiento irreconciliable, que no real, entre evolucionistas y creacionistas y, de este modo, equipara el valor de la vida humana con cualquier tipo de vida animal o vegetal e introduce en la ideología mayoritariamente aceptada en la actualidad las nociones de ecologismo extremo, animalismo, naturalismo, vegetarianismo, monismo y panteísmo.

4. La vida humana es algo relativo en el orden de la energía cósmica que rige todo proceso vital en la tierra. El neognosticismo de la N.E. propugna que la vida biológica está alienada en su humanidad si no alcanza la iluminación a través de una experiencia transformadora generada por una iniciación luciférica que desarrolle sus potencialidades mentales dormidas, sus superhabilidades de autosanación y su consciencia cósmica monista, todo lo cual le concederá un valor innegable a su existencia y será merecedora de consideración y protección. En cambio, para los que rechacen dicha iniciación masiva de personas, la recompensa será la muerte.

5. La mayoría de las corrientes declaran su desapego por la vida terrena y explica la consideración del miedo a la muerte solo

como purificación necesaria de vidas sucesivas en el ciclo de reencarnaciones de la ley kármica. La vida humana es algo accidental y el mundo físico y el cuerpo propio son limitación de la verdadera identidad cósmica que espera acabar con tal cárcel cuando logre su autodivinización cósmica, al desintegrarse e unirse con el espíritu universal.

6. La curva transmigratoria es siempre positiva y ascendente, es decir, que no se reencarnará ningún iniciado en vidas o cuerpos inferiores, adquiriendo siempre mayor humanidad y dignidad. Las corrientes más extremas de la N.E., la Teosofía gnóstica y el satanismo, defienden un hedonismo ilimitado y egocéntrico que excluye cualquier modo de compasión o misericordia, según las once reglas satánicas, y ordenan la venganza, el homicidio, la violencia, la drogadicción y el uso de la sexualidad sin límites hasta llegar al sacrificio de mujeres vírgenes, bebés, niños y abortos en sus ritos.

7. En esta línea, la OMS aplica el principio del costo-beneficio para la salud por el cual se seleccionan las vidas humanas merecedoras de ser vividas, así como las que no lo merecen, en función de sus condicionamientos genéticos que determinan un futuro saludable. Ésta será la pauta de selección de los destinatarios de los programas de ayuda al desarrollo.

Desde la Bioética

1. Cada vida humana posee una singularidad única e irrepetible, en su genética, en su biología y en su historia. Es capaz de un desarrollo interior que ningún otro ser vivo alcanza y tiene sentido en sí misma, independientemente de sus limitaciones y sus capacidades.

2. A pesar de la vulnerabilidad de la persona, ya antes de nacer y en sus primeros años de vida, su grandeza reside en que es

ya miembro de la especie humana, posee una dignidad superior a la de los demás seres vivos porque cuenta con la capacidad de la racionalidad, con el uso de su voluntad, libre albedrío y búsqueda de sentido existencial. Incluso, en circunstancias de discapacidad, el valor de su existencia trasciende lo aparente por su pertenencia a dicha especie.

3. Según el principio de solidaridad natural que impone en todo Estado la exigencia ética de proteger la vida y la integridad de cada persona. La práctica del aborto provocado y la eutanasia no son únicamente asuntos de índole personal, sino que atañen a toda la especie humana. Cada persona es en parte autónoma y en parte heterónoma, lo cual manifiesta que su dependencia de otros semejantes no es una carencia, sino una muestra evidente de la complejidad e infinitas posibilidades antropológicas a las que puede llegar, además de una oportunidad preciosa de establecer relaciones conscientes de amor y cuidado generosas, nada parecidas a las reacciones instintivas solo de supervivencia de los animales. Permite apreciar que el niño posee en sí mismo todo lo necesario para desarrollarse plenamente. Lo único que necesita es tiempo para lograrlo.

4. La plenitud de la vida humana se da en el desarrollo de su proyecto vital, de sus capacidades intelectuales, su madurez psico-afectiva y su complementariedad en el amor mutuo que produce su felicidad. Solo aquí se forja la verdadera conciencia, totalmente encarnada en la existencia real, comprometida con sus semejantes y dueña de su futuro. Todo ser humano es capaz de ello, en su medida proporcional adecuada a sus condiciones personales, y sin olvidar que existe siempre un área vital que escapa a sus planes y control.

5. Frente al reencarnacionismo, la bioética explica que cada vida humana es argumental y se produce en el momento de la fecundación, dotando al embrión de un ADN diferente al de sus

progenitores que se desarrolla a lo largo de una sola vida y que incluye todo su ser, corporal, psicológico, intelectual y espiritual. Su genoma es capaz de desarrollar una vida completamente individual. La relación simbiótica con la madre es un proceso único y especial, creando un apego bioquímico y afectivo que no se repite en un intercambio de sucesivas madres, sino que se da una sola vez como valor irrepetible que encierra en sí cada uno de nosotros. El derecho a la vida es por ello fundamental, condición indispensable para el ejercicio de todos los demás.

6. Se aboga por una ética del cuidado que se basa, incluso, en un principio de justicia que facilita entender al ser humano como un proyecto capaz de infinitas posibilidades, siendo su bien el centro de cualquier actuación. No es un eslabón en una cadena, sino la clave de toda vida y desarrollo social. No sólo hay que defender la vida, hay que enaltecerla. La persona es el argumento de toda actividad vital.

7. En cuanto al derecho a morir y al homicidio con fines «piadosos», la bioética los considera contrarios a la razón ética universal de la ley natural, ya que instrumentalizan y cosifican al ser humano seleccionándolo en controles de calidad y segregación por razones de sexo o características biológicas. La vida humana no es una posesión más de los padres sino un don a cuidar y contemplar no susceptible de manipulación o cosificación alguna, guardándolo de la utilización ajena con intereses económicos y comerciales. Morir no es fracasar. Si se priva al hombre de la referencia a los valores y muy particularmente de su relación ontológica amorosa, se le repliega a horizontes restringidos y relativos, queriendo bien vivir de espaldas a la muerte o incluso ajustarla a las conveniencias individuales, familiares o sociales. Es una grave violación de la ética natural y moralmente inaceptable atentar contra la vida y supone, además, atentar contra la humanidad.

La Persona

Desde la N.E.

1. El concepto de persona que transmite la N.E. convence a grandes mayorías en nuestras sociedades de que la vida biológica humana se hace persona sólo cuando aparecen las condiciones de conciencia, racionalidad y sentidos con primacía del placer sobre el dolor. Esta visión supone que el valor intrínseco del ser humano está contenido en la racionalidad y la sensibilidad que, siendo mermadas o anuladas por la enfermedad o la vejez harán carecer al cuerpo de valor absoluto.

2. La Antroposofía y algunos ámbitos de la N.E. conceden la categoría de persona a lo que llaman raza radicular, grupo iluminado y sublimado cósmicamente que ha liberado su yo atrapado entre dos mundos. Para la realización de los seres humanos como personas gnósticas proponen múltiples medios de corte esotérico, supersticioso, idolátrico y eugenésico, de alteración de estados de conciencia con estupefacientes y anarquía completa en la vida cotidiana.

3. El concepto de persona se identifica con el de fortaleza racial y utilitarismo. Disocia la corporeidad de la inteligencia y el espíritu, lo cual permite utilizar el cuerpo como recipiente para diversos fines (las damas de honor de las SS, los vientres de alquiler, la posesión de los hijos por parte de estados comunistas, la manipulación genética, etc.).

4. La identidad personal de la raza humana siempre es grupal y monocromática, controlada por el grupo de superhombres, que mantiene la exclusividad de la condición absoluta de personas. El resto de seres humanos, si quieren convertirse en personas acuarianas, deben realizar frecuentemente la Gran Invocación, al lado de los ya iniciados y maestros, para lograr uniformidad de mentes y voluntades.

5. Según la meta budista del nirvana y su egocentrismo radical que es también psicocentrismo, la condición necesaria para la formación de la persona es la huida del deseo como causa de sufrimiento, y su autorevelación interior como autosalvación-autosanación gnósticas y encuentro consigo mismo. Los sentidos y la razón dejan de ser necesarios.

6. Para un desarrollo pleno como persona, es imprescindible declarar un rechazo frontal a las doctrinas de las religiones monoteístas, especialmente la dañina Iglesia Católica y su concepto de vida y persona, que bloquean la expansión de la conciencia de la Era de Acuario. La verdadera persona acepta armónica y pacíficamente toda creencia siempre que no sea dogmática. Además, según la matriz hinduista, la creencia reencarnacionista distingue entre individualidad y personalidad, de modo que la persona ha de descubrir su propia conciencia identitaria de vidas anteriores.

7. El nuevo modelo de persona identificado con el ideal del ciudadano holístico huye de la ascesis, vive de la experiencia extrasensorial, se desliga de toda vida y entorno que le alejen de las metas de la N.E., se adentra en la política, los medios de comunicación, los estamentos de poder, la educación, y todo ámbito de relaciones interpersonales donde pueda significar una presencia activa como superpersona acuariana.

8. El concepto de persona es una lucha y cohabitación entre dos energías, la de la trascendencia y la de la huida hacia lo material, donde solo la luz de las escrituras de Acuario puede guiarla al conocimiento del amor de un dios de una nueva humanidad en construcción. Ir contra este amor significa alienarse como persona, negarse a travesar los niveles de conciencia que la luz de Acuario va mostrando e impedir la felicidad y la unión de todo ser humano iniciado.

9. Dignifica a los animales, especialmente a los primates a través del Proyecto Gran Simio que los reconoce como homínidos

pendientes de una evolución venidera, ancestros de los humanos, razón por la cual deberán ser poseedores de los mismos derechos que los humanos, ya que la personificación del ser humano se produce con el tiempo, y la privación de vida corpórea en la prenatal o, incluso de un recién nacido, carece de responsabilidad moral porque no son personas, mientras que los animales son la respuesta porque su ausencia de humanidad les despoja de responsabilidad ante el dolor causado por quienes la poseen.

Desde la Bioética

1. La Bioética entiende a la persona desde lo que está llamada a ser, no desde lo que es, defiende su derecho a ser concebida, cuidada y educada dentro del matrimonio, en la necesidad de un padre y una madre, con todas las aportaciones diferenciadas y ricas que cada uno de ellos le hace. La persona va tomando conciencia de quién es y se reconoce en sus estadios anteriores sin lugar a error cuando puede vivir su sentido de pertenencia, de amor gratuito. Todo esto le permite abrirse a la búsqueda de respuestas que transcienden lo material, sobre el sentido de su vida.

2. Mantiene la certeza de que la persona toma conciencia de sí y se reconoce retrospectivamente en sus estados anteriores, de modo que no tiene equívoco al saberse un ser personal desde siempre e independientemente de los agentes externos y, simultáneamente, necesitado de la apertura de su interioridad en la vida espiritual para el descubrimiento de sí mismo en el Misterio.

3. Afirma la continuidad corporal o identidad biológica como existencia continuada en el espacio y el tiempo, que es signo de la identidad personal, no negociable como moneda de cambio por ningún tipo de fines. No es aceptable la diferenciación de importancia entre seres humanos por su condición de especie, ni la clasi-

ficación de personas en función de su aparente utilidad, porque no somos solo animales, ni somos cosas en ningún modo.

4. El ser humano no es una mera parte de un todo cósmico, sino que existe por y para el amor y el bien común. De ahí su participación en la vida social en el respeto por la dignidad ajena, el amor de amistad y la libertad. La Bioética expresa y reconoce la unicidad de la identidad de cada persona como criterio de discernimiento.

5. El dolor, además de combatirlo, puede ser asumido como una oportunidad de crecimiento y plenitud tomando consciencia del propio yo de un modo profundo. Si esta circunstancia se da al final de la vida podrá ser ocasión privilegiada de reconciliación con su pasado, en paz consigo mismo y con los otros y, para el creyente, con Dios. Además, el raciocinio y el libre albedrío constituyen la diferenciación privilegiada de la especie humana con respecto al resto de mamíferos, por lo que prescindir de ellos supone renunciar a la esencia de la persona.

6. Afirma la naturaleza corpórea y espiritual de la persona humana reconocida en el interior del hombre como un bien en sí mismo y trascendente que le permite participar de la salvación de la ley divina, frente al agnosticismo que concluye en la negación o en la ignorancia de la ley natural. Son las normas éticas de las religiones monoteístas, la fidelidad amorosa a su dios y su capacidad crítica los motivos del rechazo por parte de la N.E. ya que contradicen los presupuestos de la era acuariana y la gnosis teosófica en su meta última que es la adoración a Satanás.

7. Elige al ser humano como criterio central, no como una parte del todo holístico, enfocado hacia el bien de las personas y el bien común, y no hacia un bien impersonal universal. Consecuentemente, la participación en la sociedad ha de enraizarse en la ley natural y el respeto por la dignidad, la libertad, el amor de

amistad que precisa y el encuentro con el Absoluto para el que ha sido creada.

8. Constata la igualdad en la condición personal de todo miembro de la especie *homo sapiens*, y la especificidad de su vida que es intrínsecamente buena, además de «una solidaridad fundada en una comunidad de destino, la eternidad».

9. Alega que solo el hombre es persona, no reducida a su código genético y poseedora de una capacidad de búsqueda de sentido vital exclusiva en su especie, como portadora de una vida añadida relacional desde que el alma se hace una con el cuerpo en la concepción.

La libertad

Desde la N.E.

1. Defiende el recorte teosófico de las libertades y la anulación de la conciencia personal y colectiva para lograr el Nuevo Orden Mundial, para cuya consecución, y de forma contradictoria, el libre albedrío es ilimitado.

2. Utiliza el esoterismo ritual como salvaguarda de la supremacía aria gnóstica, de modo que la familia pertenezca al estado y se use la violencia como vía de libre expresión y proceso de selección natural de los individuos superiores.

3. Difunde la Iniciación en el sincretismo filosófico y cultural de Acuario, relativista y subjetivista, que identifica tolerancia con respeto, libre expresión con amoralidad, eliminación de sus opositores con necesidad de acoger la luz cósmica, y eliminación de todo monoteísmo y del sistema precedente.

4. Utiliza instrumentos de acción política, educativa, científica, económica y tecnológica, sustentados por financiadores que

determinan la orientación del pensamiento a formar en las sociedades.

5. Advierte que el quebrantamiento de la lealtad masónica a la fuerza cósmica amenaza con graves penalidades corporales y materiales a aquellos que se arrepientan de la entrega de su libertad, adquirida en la iluminación.

6. Normaliza los conceptos de superstición, predestinación y determinismo que anula el uso del libre albedrío y lo supedita a fuerzas ocultas espirituales y a la decisión del cosmos sobre quiénes y cómo serán las personas y qué acontecimientos surcarán su vida. El destino se desvelará en progresión directa con la capacidad de la persona para asumirlo, y la pasividad ante el propio destino será signo de sublimación de conciencia.

7. Respalda la concepción de libertad de la Revolución Francesa presente en numerosos regímenes políticos que abanderan el credo de los hombres libres, según las Escrituras de Acuario. En la entrega del propio pensamiento, acción, movimiento y crítica, gozarán de la plena libertad los que hayan aprendido a discernir por sí mismos la sabiduría del corazón.

8. Impone en diversos espacios de la vida social y pública, el laicismo, una cosmovisión colectiva autoritaria, xenófoba y utilitarista, niega la propiedad privada y presupone la maldad de los empresarios, divulga los populismos antisistema, la degradación democrática y la globalización sin restricciones.

Desde la Bioética

1. Indica que la conciencia se mueve dentro de la ley natural, en el uso de propio de su libertad personal que parte de lo más íntimo del hombre y lo dota de capacidad para tender a su plenitud.

2. Se apoya, entre otros datos, en la constatación histórica del tercer Reich para demostrar que la calificación sobre la vida de

otros no es lícita para el ser humano. Demuestra con hechos que la violencia no es libre expresión sino imposición brusca y anómala de las propias opiniones.

3. Afirma que el multiculturalismo no debe ser óbice para regresar a la dimensión ontológica de la dignidad humana que le permite buscar la verdad válida para todo el género humano desde la cual se establezca la apertura al otro.

4. Denuncia la antigua tendencia esclavista de comercializar con personas en una nueva forma de manipulación genética y esterilización, defiende la legitimidad de disfrutar del fruto del propio trabajo como parte del proyecto vital, así como el derecho a la diferencia cultural y de pensamiento.

5. Argumenta que la exigencia de amar y respetar a la persona como un fin, no como un medio, excluye la coerción bajo amenazas y la anulación del libre albedrío.

6. Afirma la responsabilidad ante los propios actos y el compromiso frente a la orientación de la propia vida, puesto que la luz de la razón natural permite al hombre hacer libremente el bien y evitar el mal.

7. Afirma que fuera de la ley natural no hay verdadera libertad y que el deber moral no puede ser sustituido por el individualismo de un pretendido superhombre «creador de su conciencia».

8. Responde que la persona es capaz de escoger los fines propios de su acción movida por su inclinación a la verdad y a la justicia tratando siempre de no provocar en otros el mal no deseado para uno mismo y de no utilizar el mal para un supuesto bien, como marcos en los que la conciencia organiza su libertad de acción.

La dignidad humana

Desde la N.E.

1. Exalta la gnosis que sustenta el desprecio de las clases inferiores y el racismo justificado en la indignidad de estos pueblos. En cambio, resalta el determinismo de la selección natural de la élite pura e iluminada, merecedora de exclusividad en el gobierno y la procreación, aprobando la eugenesia y la experimentación con seres humanos.

2. Propugna la dignidad superior de la supremacía anglosajona y de las logias masónicas del Nuevo Orden Mundial en las estructuras económicas y empresariales que les permite explotar a los países subdesarrollados, detonantes de su propia miseria e indignos por su ausencia de luz gnóstica.

3. Dentro de la N.E. coexisten dos tendencias con respecto a la dignidad humana:

- Instaura la «Carta de la Tierra», que deberá ser incluida en las legislaciones de los países, con la cual promueve y denuncia el papel depredador del hombre sobre la Madre Gaia, con la que éste mantiene una relación de «igualdad biocéntrica» originada en un panteísmo animista que equipara la dignidad de todo ser vivo, humano, animal y vegetal.

- Proclama la dignidad gnóstica de los hermanos masones de alta graduación. Asevera la dignidad salvífica de los Hijos de la Luz que ocultan los secretos del conocimiento a quienes pudieran pervertirlos, su recuperación de la divinidad perdida, así como la etnia extraterrestre de la que algunos descienden, salvaguardas del conocimiento y dueños de todo privilegio.

4. Extiende en Occidente la figura del guía espiritual de la N.E. no cuestionado por sus adeptos, a los que supera en dignidad, así como algunas tendencias de la N.E. que incluyen el

entrenamiento paramilitar, el hedonismo como criterio de éxito, el rechazo de la democracia y una fuerte oligarquía justificada por su origen divino. Dicha relación entre gurúes y discípulos deriva en la manipulación psicológica y el control sobre su salud física, mental y su voluntad.

5. Asume la empatía con lo deforme y siniestro y el rechazo del poder sistemático, patriarcal, autoritario y masculino, como medio de recuperación de la dignidad femenina a través de su independencia y negación de la maternidad, que anula la propiedad privada del hombre sobre ella.

6. Afianza los posgrados de género respaldados por lobbies, multinacionales, ONGS y organismos internacionales como la ONU y la OMS que fomentan la fabricación y discriminación de embriones y seleccionan a la población merecedora de procrear según su valía física, intelectual y su origen racial y privan a los grupos inferiores en dignidad de tal privilegio mediante la esterilización forzosa, preservándose así la élite heredera de la tierra y librando a ésta del lastre de los pueblos latinos, negros y discapacitados, cuya dignidad está menoscabada por su misma condición.

7. Apuntala la eliminación del sistema político democrático, el sistema económico capitalista y el cristianismo para estructurar el Nuevo Orden en torno al relativismo, el ecologismo panteísta, un tipo de ecofeminismo, un nuevo lenguaje creador de opinión pública y una nueva conciencia, todo ello bajo la imposición de políticas internacionales financiadas por los lobbies.

8. Implanta los conceptos de calidad de vida y vida digna como parte del pensamiento único mundial. Precisa la superioridad del subjetivismo emocional y su concepto de vida digna sobre la reflexión racional, las normas morales y las doctrinas religiosas. La vida humana es digna por su utilidad y eficacia siempre que esté carente de sufrimiento, según la influencia budista.

Desde la Bioética

1. Así como la Declaración Universal de los Derechos Humanos reconoce la dignidad de toda vida humana como fundamento para la convivencia, subraya también que toda persona posee idéntica dignidad, como sujeto que recibe el don de la vida y como agente que transmite la vida a un nuevo ser. En cuanto al profesional de la salud, por su propia dignidad y en respeto hacia la del no nacido, el discapacitado o el enfermo, puede y debe ejercer su derecho a la objeción de conciencia para no colaborar en ningún tipo de eugenesia y/o experimentación con personas, incluso en estado embrionario y terminal.

2. Demanda la responsabilidad de los gobernantes con respecto a la industrialización y la aplicación de la ingeniería genética en cultivos y ganadería, de modo que el derecho fundamental a la alimentación no se supedite al enriquecimiento de Occidente y favorezca el crecimiento demográfico. Asimismo, denuncia y reclama responsabilidades por la explotación de mano de obra barata y la implantación de industrias tóxicas en países en vías de desarrollo para bienestar y enriquecimiento de los países del hemisferio norte.

3. Declara que todo ser humano posee idéntica dignidad, por lo que el conocimiento científico y su ejercicio debe realizarse desde el servicio al bien y nunca desde un plano de poder sobre la vida ajena, como sucede con la reproducción asistida, la asistencia al suicidio o abortiva y la selección racial y genética que destruyen su dignidad. Igualmente, confirma que la dignidad humana ontológica y moral conlleva el respeto a la vida animal y el uso adecuado de la ingeniería genética para el bien de la humanidad, sin olvidar el papel predominante del ser humano no equiparable en su dignidad al resto de los seres vivos, incapaces de racionalidad y libre albedrío.

4. Declara que las personas merecen respeto como individuos capaces de autodeterminación y procura de su bienestar, de modo que el desarrollo económico sostenga un crecimiento que reconozca el bien que precede al uso de la libertad, atendiendo a la huella de discernimiento interior entre lo justo y lo injusto que reside en una auténtica conciencia moral. Rechaza abiertamente la nueva esclavitud intelectual y moral según la teoría gnóstica de la iluminación que conduce a la negación y entrega de la propia dignidad.

5. Reclama la admiración por la belleza en el bien, la justicia y la bondad como modelos admirables y dignificantes. Certifica que la maternidad y la paternidad encierran una altísima dignidad como vocación conyugal y familiar en su complementariedad biológica, psíquica y afectiva, llamados al encuentro en una unidad corporal-espiritual, además, la más antigua de todas las sociedades y la única natural es la familia, de la cual deriva el bien de toda sociedad.

6. Custodia la dignidad de la persona que viene dada porque toda vida humana es intrínsecamente buena y aboga por proporcionar su bien desde la fase embrionaria de modo prioritario, reclamando la igualdad en dignidad de todo individuo de la especie humana, independientemente de su origen racial y condicionantes externos de tipo socioeconómico y cultural.

7. Explica que, aunque es posible la unidad moral de la sociedad que ya se ha planteado en esta perspectiva desde el siglo IV a.C. con Aristóteles, estando el Derecho subordinado a la finalidad propia del hombre, en la actualidad lo prohibido en la ley civil tiene importancia moral aunque no siempre sucede lo mismo en el sentido contrario, por lo que ha de buscarse la ley natural como sustrato de toda ley moral y civil para acompañar al hombre en el perfeccionamiento de su humanidad. Todo ello implica que la ley ha de salvaguardar siempre la dignidad humana para adquirir legitimidad, y que las leyes moralmente contrarias a dicha dignidad son ilegítimas y objeto de no cumplimiento.

8. Reivindica que la dignidad de la vida humana, tal como hemos citado, es ontológica y no mermada por la enfermedad y la discapacidad por lo que, excluyendo las medidas paliativas desproporcionadas y partiendo de la unidad cuerpo-espíritu, ha de respetarse el transcurso natural de la vida más allá de las apreciaciones emocionales. Digna por su valor inmaterial y no sujeta a factores circunstanciales de los que ninguna vida se libra.

B. La sexualidad y la corporalidad

Desde la N.E.

1. Rechaza el puritanismo opresor de las religiones ortodoxas, de las culturas puritanas y el valor de la castidad, innecesaria para las almas limpias, según la Sagrada Fuerza asexuada que anula las distinciones entre lo masculino y lo femenino.

2. Respalda dos concepciones del ser:
- El concepto reencarnacionista del alma transmigratoria en cuerpos recipientes accidentales, no sustanciales con el individuo, sin identidad sexual constituyente de su persona, sino accesoria.
- La consideración teosófica de raíz platónica del cuerpo como cárcel de un espíritu ansioso de conciencia cosmológica universal, lo cual permite el uso indiscriminado del mismo para los fines de la Era de Acuario.

3. Utiliza el cuerpo y su sexualidad, con o sin autorización del sujeto, en ritos sacrificiales y de magia sexual como medio de disolución del yo, en orgías de numerosas comunidades gnósticas, el ocultismo, la Witchcraft y la Wicca con su panteísmo feminista y su liberación de la mujer.

4. Consolida la ética de igualdad o ideología de género que defiende la capacidad de elección de identidad sexual; la necesidad

de que las generaciones superiores guíen a los niños en el bisexualismo y homosexualismo; la equiparación afectiva, física y psicológica entre sexos; la maternidad y el matrimonio como esclavitud; la lucha contra el patriarcado como lucha de clases y la creación de un lenguaje propio con términos como preembrión, derechos sexuales y reproductivos, salud reproductiva, género, muerte digna, calidad de vida, vida digna, interrupción del embarazo, vida vegetativa y desarrollo sostenible.

5. Apuntala el ecofeminismo o ecologismo profundo con el despertar de la Madre Tierra que padece y a quien la humanidad naturalista y asexuada ha de servir controlando la natalidad y la esterilización de pueblos inferiores, siendo un éxito de la liberación de la mujer y del programa de la Carta de la Tierra y la ética universal de vida sostenible.

6. Determinados sectores apoyan la zoofilia y la pedofilia a cualquier edad y filiación familiar e, igualmente, la inspiración hinduista de un neotantrismo sexual divinizante de determinados gurúes y de la utilización del cuerpo femenino como úteros del Nuevo Orden.

7. De la mano de lobbies gay, comunistas, anarquistas, socialistas, satanistas y de la Sociedad teosófica, se divulga la imposición de la ética global en las legislaciones de numerosos gobiernos mediante proyectos educativos, coerción de la libertad de expresión contraria a dicha ideología, programas de desarrollo, leyes proabortivas, de eutanasia, de manipulación genética y de matrimonio homosexual.

Desde la Bioética

1. Recupera el significado de la sexualidad humana que concede a la persona la posibilidad de regir con su voluntad sus acciones en un acto de entrega libre de sí misma, y una de sus

consecuencias en la vida conyugal puede conducir a la regulación natural de la fertilidad que se convierte en un estilo de vida basado en la comunicación mutua, el respeto y el amor.

2. Manifiesta que el cuerpo sexuado es una dimensión esencial de la persona tanto para la perduración de la especie como, y en mayor importancia, para la demostración del amor, de tal modo que la sexualidad como fecundidad por y para la diferencia es el principio generador de toda vida social[1].

3. Salvaguarda que la condición de ser sexuado abarca todos los ámbitos y no se ciñe a la genitalidad biológica, por lo que cualquier acto sobre el cuerpo sexuado repercute en la persona en su totalidad.

4. Reconoce la sexualidad humana como aspecto constitutivo desde la concepción, la feminidad y la masculinidad como lugar de encuentro y desarrollo de relaciones de afecto, amistad y gratuidad, orientadas a la procreación y a la expresión corporal de su donación amorosa. Asimismo, avala la maternidad como don y donación.

5. Exige que el progreso tecnológico camine a la par con una formación creciente de conciencia bioética que proteja la diversidad biológica y los recursos naturales teniendo como meta el desarrollo de toda la humanidad. Existe por lo tanto en la persona una dimensión ecológica integral.

6. Asevera que la persona sexuada experimenta que «el desarrollo amoroso se realiza a través de la tendencia y de la afectividad» junto con la protección que la familia debe ofrecer como cuna biológica y de valores.

7. La intervención de terceras personas en cualquier técnica de manipulación genética y de reproducción asistida atenta al signifi-

---

1. Tomás y Garrido, G.M., *Cuestiones actuales de Bioética,* Eunsa, Pamplona, 2011, 43, 44.

cado humano, disminuye la dignidad de la paternidad, y trivializa el valor del embrión.

C. La familia y la educación

La Familia

Desde la N.E.

1. Identifica la seguridad global como seguridad demográfica, el paradigma de desarrollo sostenible o sustentable, la Carta de la Tierra, la Agenda 21 y la idea del calentamiento global como dogmas impuestos a través de leyes según las reglas de EGADU (El Gran Arquitecto del Universo), ante los cuales ha de anularse el pensamiento y los valores propios si divergen e imponerse leyes encaminadas a regular el crecimiento demográfico y la preservación de la madre tierra

2. Según la UNESCO, el desencadenante del subdesarrollo es el no cumplimiento de un equilibrio entre natalidad y desarrollo sustentable, causado por la inferioridad en intelecto y dignidad de las familias numerosas del Sur, que son un lastre para las familias del Norte y su ideal del hijo único y, por ello, será necesario emitir licencias de procreación y sustraer al niño de su entorno para que sea educado en la nueva religión civil. Igualmente, las familias numerosas del norte son resquicios de ignorancia y habrá que desarraigar al hijo y promover una arquitectura, ingeniería y organización social que dificulte su prosperidad.

3. Avala la distribución de anticonceptivos y píldoras abortivas, la selección genética, la realización de esterilizaciones encubiertas y abortos en países subdesarrollados y en campos de refugiados bajo prescripción médica dentro de programas de desarrollo de la ONU, organizaciones animalistas y ecologistas y bajo

la financiación de multinacionales y gobiernos. Los guardianes del Plan permitirían, así la muerte de una tercera parte de la humanidad.

4. La divulgación masónica del despertar de la tierra ha convencido a los seguidores de la N.E. de que es ella quien se personifica y provoca conscientemente tsunamis y terremotos en las últimas décadas para librarse del exceso de ocupadores, especialmente las familias grandes, y se convierte en el centro de irradiación concéntrica del flujo transformador mundial desde su naturaleza hermafrodita.

5. Describe las relaciones maritales monógamas como adicción y desprovistas de vínculos espirituales, así como la familia cristiana como institución opresora e impedimento para realizar la dignidad y genitalidad femeninas desligadas de la procreación, además de una paternidad entendida como mera participación genética sin pertenencia filial, concretada en lo material a través de los bancos de semen.

6. Fomenta la fabricación de necesidades de bienes de consumo en todos los rangos de edad que modifican la estructura familiar y crean nuevas conciencias a través de los medios de comunicación, la educación y la publicidad, en torno a la idea de la huida de la discapacidad, de la muerte y la búsqueda del bienestar.

7. Custodia la existencia de niños índigo y niños cristal que transforman y controlan las relaciones familiares con su supremacía cosmogónica, injustamente juzgados como rebeldes o inadaptados, metabolizadores de energía pura del universo, superiores a la media poblacional en supercapacidades.

8. Ampara la manipulación de los niños y jóvenes en las comunidades de matriz hinduista a los que se mantiene alejados de sus progenitores y de la realidad para preservar pura su conciencia.

9. Defiende modelos de familia acuariana con padres homosexuales y familias monoparentales, para lo cual precisa de la le-

galización de la adopción y de las TRHA (Técnicas de Reproducción Humana Asistida).

Desde la Bioética

1. Manifiesta que «los Estados tienen la exigencia ética de proteger la vida y la integridad de los individuos» y del no nacido en particular que es «persona humana con potencialidades todavía no actualizadas», planteamiento muy diverso a ver el embrión como una persona en potencia; es decir estamos en la vida naciente ante una persona sin desarrollar sus potencialidades y que, teniendo vida propia, en los primeros estadíos es absolutamente dependiente de la madre e indefenso ante un crimen que afecta profundamente a la solidaridad natural de la especie humana.

2. Denuncia que el embrión humano, por su carácter personal, nunca y de ningún modo puede ser considerado como cosa o instrumento al servicio del capricho, de la ciencia o de la técnica.

3. Asevera que a toda persona le pertenece su dignidad en un grado de intimidad tal que la hace inalienable y el ser más perfecto de toda la naturaleza, -y también muy vulnerable- de modo que los seres humanos no pueden eludir el deber de reconocimiento de la presencia personal.

4. Refiere la existencia de catástrofes naturales a las leyes físicas que los rigen, y señala que la tierra, aunque acoge en sí toda la vida del planeta, no está personificada, no es alguien sino algo, de modo que los fenómenos que suceden no se deben a una pretendida superpoblación ni a la reacción de un planeta que pensara como persona. Asimismo, ensalza la riqueza que encarna la familia numerosa, fuente de vida, de encuentro y protección, motor de futuro para el género humano.

5. Sostiene que el proceso natural de gestación es también trascendente para la identidad más íntima del niño, que experimenta estos primeros actos de amor tanto en la relación paterno-materno/filial como en el vínculo de apego a nivel celular y afectivo. Asimismo, protege el «recíproco respeto de los cónyuges de llegar a ser padre y madre exclusivamente el uno a través del otro».

6. Certifica que la persona merece ser concebida y criada en el matrimonio y la familia con vínculos de filiación, consanguinidad, parentesco y paternidad donde, dado el momento, se acompaña amorosamente en la discapacidad, el sufrimiento y la muerte, con lo que el equipo médico terapéutico colabora facilitando los medios paliativos para el enfermo y la comunicación entre éste y su familia.

7. Presenta a la familia como el ámbito adecuado de formación de la conciencia para los hijos en el que se aprende y se trabaja la virtud y el amor entendiendo la vida humana como regalo. Para una maduración adecuada de los hijos, han de ver en los padres modelos de persona en confianza y reconocimiento de su autoridad.

8. Declara que el nacimiento de una persona es una demostración de la fecundidad y riqueza del amor que encuentra protección en la medida en que crezca en una familia que se fortalece en la práctica de valores y vínculos afectivos lejos de la manipulación y el utilitarismo.

9. Protege el derecho del menor a crecer en la natural existencia de un padre y una madre que proteja su desarrollo físico, mental, moral, espiritual y social, atendiendo antes al bien superior del niño que a los deseos de paternidad de los adultos. Sostiene asimismo el legítimo derecho del niño a no ser objeto de la confusión que puede ejercer sobre su propia identidad la convivencia y la dependencia de tutores que sean personas homosexuales.

La educación

Desde la N.E.

1. Promueve la Antroposofía teosófica de Steiner y el método educativo Waldorf basado en la ley kármica, la autoeducación gnóstica, la raza radicular, el ocultismo, el espiritismo, la medicina antroposófica y la euritmia. Difunde la red de escuelas infantiles Ananda Marga y su Tantra Yoga y el subjetivismo y relativismo moral psicologista de Franck, B.

2. Denuncia las actitudes intolerantes de las religiones ortodoxas en el campo educativo que inhiben el Nuevo Orden y reclama el derecho a una educación universal en el relativismo y el subjetivismo de la ideología de género y su inclusión de eugenesia, divorcio, amor libre, manipulación genética, homosexualismo y contracepción, entre otros.

3. Hace uso de numerosas entidades educativas fundadas por líderes del Nuevo Orden Mundial (universidades libres, Round Table, Fabian Society, Rhodes House, Pilgrim's Society) para becar a los estudiantes con más talento y promocionarlos a puestos de gobierno y poder mundial a cambio de que sean difusores eficaces de la nueva ética planetaria acuariana.

4. Promueve la inclusión de contenidos educativos en torno a la responsabilidad gnóstica no racional y la adquisición de la sabiduría oculta que permite a posteriori acceder a las ciencias, las humanidades y las artes.

5. Manifiesta la incapacidad de los sistemas educativos tradicionales para formar a los niños índigo y a los niños cristal, erróneamente diagnosticados con diversos síndromes y discapacidades, y anima a reprimir la homofobia y el machismo de los centros de educación diferenciada y de aquellos que se niegan a implantar la ideología de género.

6. A partir de la Conferencia de El Cairo y la Cumbre de la Tierra, las entidades educativas ya mencionadas elaboran textos educativos con los que divulgan la ética sostenible, la Agenda 21 y la Carta de la Tierra, promueven los objetivos del milenio, e introducen en el ámbito empresarial y educativo innumerables herramientas de transformación que ofrecen la paz interior y la reconciliación con el propio yo.

7. La educación teosófica configura un nuevo ser humano que se identifica con el ideal del ciudadano norteamericano en tanto en cuanto es experto en imaginar y realizar su destino, no heredero de tradiciones, sin limitaciones morales ni culturales. En este camino educativo se introduce también el subjetivismo moral del giro antropológico por el que se es capaz de asimilarlo todo sin crítica ni verificación previa.

8. La creación de opinión pública y de bienes de consumo desde la publicidad se convierte en un recurso imprescindible para la N.E., ya que alcanza todos los rangos de edad, las conciencias personales, las identidades culturales personales y grupales.

Desde la Bioética

1. Argumenta la distinción fundamental entre lo subjetivamente satisfactorio y lo que constituye un valor, siendo los valores la guía y la meta que ajustan el proceso educativo al Bien en sí mismo que produce un bien mayor para la persona.

2. Garantiza la obligación y el derecho de los padres de los menores de edad de acceder a la información sobre lo que sucede a sus hijos, así como de tomar decisiones por ellos teniendo en cuenta que no son todavía personas maduras capaces de medir todas las consecuencias de sus actos, como sucede con el aborto en adolescentes.

3. Subraya que, por encima de la nueva ética mundial, se sitúan los derechos básicos de cada persona y su centralidad que conlleva la responsabilidad personal del hombre como ciudadano en busca del bien común, así como la soberanía nacional de los estados, que implica el respeto y la defensa de los bienes particulares.

4. Ampara la legítima exigencia paterna de proporcionar a sus hijos la educación de acuerdo con sus convicciones, y considera la obligación de los Estados aplicar el principio de subsidiariedad para proteger a las familias.

5. Pone en relevancia cómo la educación abarca a la persona completa en sí e integrada en el contexto sociocultural en el que se inserte cada familia, defendiendo siempre los valores inalienables como el derecho a la vida, a la propiedad privada, etc.

6. Expone la legitimidad de transmitir a los niños y jóvenes que la lucha no es contra los pobres sino contra la pobreza, de ensalzar el valor de la natalidad y de no aceptar el Decálogo de la N.E. y su agnosticismo panteísta como código universal de conducta.

7. Destaca la capacidad del ser humano de recapacitar sobre sus propios actos y reconducir sus acciones tanto a nivel personal como en su carácter relacional.

8. La perspectiva con respecto a las cuestiones vitales ha de forjarse en la familia y el entorno educativo desde el respeto por la conciencia y la autonomía del otro, lejos de manipulaciones y condicionantes bajo intereses económicos.

D. La orientación sanitaria psicosomática

Desde la N.E.

1. Argumenta que la desconexión cósmica disminuye la armonía psicosomática del enfermo y causa su malestar físico y mental, de modo que las enfermedades mortales son señal de una psique enferma que precisa para su curación cambiar la percepción de su relación con la enfermedad bajo la luz de Acuario mediante numerosas técnicas de la N.E. y el abandono de la medicina tradicional.

2. Alega que cada individuo tiene el poder de autosanarse de cualquier dolencia si alcanza la conexión energética mediante numerosos recursos de elevación de la conciencia, entre los que se difunden ritos de culturas prehistóricas y precolombinas.

3. Condiciona el libre albedrío a una predestinación psíquica y espiritual mediante la recuperación de ritos ancestrales como tratamientos psicológicos novedosos de sanación integral y holística.

4. Difunde las curaciones por contacto energético que dispensan los sanadores ascendidos en su consciencia por su conexión cósmica completa, equilibrando sus «chakras» en la verdad acuariana, según un conocimiento oculto recibido en una iniciación gnóstica con la asignación de un espíritu guía. Anima también la relación de dependencia e inferioridad del paciente con su maestro, el cual ha adquirido un conocimiento oculto y, a menudo, se deja guiar por espíritus que se manifiestan en las sesiones de curación.

Desde la Bioética

1. Constata que la enfermedad está ligada a la naturaleza del hombre y que, a pesar de mantener una relación muy estrecha con

la persona a través de su cuerpo, no tiene en sí connotación ética, a no ser que se haya provocado voluntariamente. La vulnerabilidad es una ocasión para el desarrollo del sentido transcendente en el enfermo, y también la oportunidad para las personas cercanas de estrechar lazos de solidaridad y compasión, tal como se explicita en los puntos siguientes.

2. Comprende la fragilidad, la enfermedad y el dolor originados en la debilidad asumida de modo natural por el organismo, por lo que precisan de la acción científica y médica para ser eliminados o paliados según una ética de los principios y de las virtudes personificada en el profesional de la salud. Al mismo tiempo, por el citado principio de solidaridad humana, el recurso a los trasplantes de órganos dentro de un marco moral consensuado con la ley natural es un recurso obligado para la salvaguarda de la vida humana y la procura de la salud.

3. Exhorta al enfermo a aprender a convivir en paz con sus dolencias sabiendo que la enfermedad es parte del proceso vital y que está también condicionada por el entorno, el ambiente, las condiciones de vida, según la gradualidad y la intensidad que ofrecen los distintos momentos de la existencia.

4. Propugna la relación médico-paciente basada en la confianza, la comunicación y la dignidad cuya finalidad es ofrecer asistencia y curar siempre que sea posible, lo que imprime en el médico la vocación de asumir el destino del enfermo como suyo, en un nosotros, tanto en una dimensión de gratuidad cuyo éxito profesional se lee en el lenguaje del servicio y el don, como en un desasimiento de actitudes de vicio profesional, a todo lo cual el enfermo solo puede responder desde la confianza y la cooperación activa en su propio proceso de curación.

E. El problema del bien, el mal y el sufrimiento

Desde la N.E.

1. No disocia el bien y el mal según el concepto del yin y el yang, doctrina que enseñan los gurúes como deidades aglutinadoras de la misma, y promueve la iniciación en los misterios de la Antigüedad mediante estados alterados de conciencia, fenómenos extásicos y adivinatorios.

2. No existe el pecado ni el mal objetivo. Afirma que el arrepentimiento es necedad para los supraconscientes y considera el perdón y la caridad alienantes, ya que por la ley kármica de equilibrio energético el sufrimiento de la humanidad será eliminado cuando toda ella experimente la «nueva conciencia planetaria». Por ello, un iniciado no está atrapado por la responsabilidad ante sus actos.

3. Niega la existencia de la ley natural y de la ética de las religiones y de la Historia. Considera que un mal innegable se puede convertir en un inconveniente necesario para el bien supremo del Nuevo Orden Mundial, en el que toda moral que no se integre en su ética global queda denostada. Toda moral proveniente de religiones es igual en importancia, utilidad y licitud siempre y cuando se inserte en el Plan.

4. Divulga la mística holística acuariana que busca el desarrollo de potencialidades dormidas para liberarse de ligazones con vidas anteriores, identificando el bien con el amor.

5. Justifica la estratificación en castas desde la ley *kármica* y su indiferencia frente a la miseria humana que entiende la resurrección como reencarnación última por pureza total, o como momento sublime de ascensión de conciencia. La insistencia del cristianismo en la reducción del sufrimiento y la pobreza son obs-

táculos para el éxito de la conciencia universal iluminada porque alteran los ciclos de reencarnaciones.

6. Se arroga la potestad de decidir sobre la vida ajena a través de las técnicas de manipulación y selección genética, la anticoncepción, la eugenesia y la esterilización.

Desde la Bioética

1. Considera que cada persona está orientada a un fin último que reconoce a través del discernimiento natural entre el bien y el mal.

2. Alude a que es importante la responsabilidad personal como consecuencia de su libertad originaria. La empatía y el perdón, entre otras actitudes, son herramientas humanas que lo dignifican y manifiestan su exclusividad en el uso de la libertad frente al resto de seres vivos. Conlleva asimismo asumir las consecuencias frente al bien y al mal causados, siempre fruto de actos objetivos y conscientes, nunca producto de agentes fantásticos.

3. Afirma que la ley natural es la ley de la persona, y su camino de perfección, por la cual la razón humana se dirige a la búsqueda del bien y rechazo del mal, aunque necesite la formación y la ayuda de los otros para lograr que el hombre sea providente para sí y para los demás. Reclama el derecho de todo ser humano a ejercer su profesión de fe y de conciencia siempre en el marco del respeto absoluto por la libertad y la vida ajenas.

4. Señala a la conciencia -que deber formarse con verdad, rectitud y certeza- como una luz de la inteligencia para distinguir el bien del mal, incompatible con el relativismo moral y el subjetivismo acerca del bien.

5. Confirma que cada persona posee un valor intrínseco objetivo que despierta reverencia e impone la obligación moral de proteger su vida sin reservas.

6. Reivindica la medicina y demás disciplinas biosanitarias como ciencia según el Juramento Hipocrático y su desarrollo a través del Código Deontológico, entre otros, al igual que su obligación de proporcionar alivio y curación al enfermo y preservar la identidad y dignidad de su vida humana.

F. La Trascendencia

Desde la N.E.

1. Orienta la búsqueda de respuestas al sentido de la vida en un neopaganismo de corte mitológico, panteísta, sacrificial y mágico en una relación de temor con la divinidad sin el yugo de las religiones que han ocultado la verdad gnóstica antigua durante siglos.

2. Avala el Psicocentrismo que rechaza la alteridad y hace salvífica la gnosis de la N.E.

3. Extiende la creencia en la memoria de vidas anteriores que revela un reencarnacionismo siempre ascendente y positivo, alejado del hinduismo, incluyendo las reencarnaciones angélicas en esferas de luz y en seres vivos, sus poderes y la predestinación.

4. Promueve el círculo Gnosis, Teosofía y Masonería para que los elegidos adquieran una sabiduría esotérica con la que intervienen de manera secreta en la vida pública y en los criterios éticos en base a la eugenesia y el feminismo de género.

5. Preserva el ateísmo gnóstico, el politeísmo y todas las prácticas esotéricas, ocultistas, mágicas, supersticiosas, satánicas, y las formas de brujería, la Meditación Trascendental y el quietismo que autodivinizan al ser humano, la astrología y el predeterminismo.

6. Promulga la divinización panteísta de cualquier elemento natural y ser vivo, así como la deificación de determinados líderes religiosos.

7. Sustituye al Dios Padre Creador por la madre Gaia que premia o castiga a la humanidad manejando las leyes de la naturaleza, junto con el monismo natural que condena al hombre como agente agresor.

8. Identifica a Lucifer con la tiniebla que no encierra maldad, sino que es origen de la luz, de modo que el mal, si existe, es el origen del bien y salva al hombre de sus padecimientos.

9. Promueve el sincretismo religioso y el determinismo mitológico de la Nueva Religión Mundial presidido por la jerarquía celestial de doce maestros ascendidos con Maitreya a la cabeza, que regresará para la implantación definitiva de la era de Acuario, según la Escuela Arcana de Alice Bailey.

Desde la Bioética

1. Describe que el espíritu de cada ser humano está abierto al infinito y se inclina hacia la superación de los límites por el movimiento interior de su necesidad de encuentro amoroso con Dios que siempre le busca.

2. Conserva la existencia de la Verdad que neutraliza el relativismo e instruye el espíritu en su libertad para reconocer la muerte de Cristo como don que devuelve a los hombres la vida divina en la grandeza de su redención.

3. Mantiene que la persona humana está dotada de finalidad en comunicación con el Misterio, y que le proporcionan consciencia clara de la realidad y de la oportunidad exclusiva de una sola vida para llenarla de sentido en la donación de sí mismo.

4. Preserva el estatuto del embrión, un concepto de calidad de vida según la dignidad y el valor trascendente del hombre, la

relación entre sexos como complemento y alteridad esponsal y amorosa y la sacralidad de la vida como don dependiente de Dios.

5. Manifiesta la necesidad de sentido trascendente de toda persona humana que posee una genuina dignidad de criatura.

6. Argumenta que es posible apreciar el valor instrumental e intrínseco de todo ser vivo sin necesidad de adulterar el valor y la dignidad del ser humano, ni de endiosar a ningún ser vivo o natural.

7. Vislumbra una coherencia total entre el origen del hombre y Dios creador, que le regala una apertura ontológica y una naturaleza superior al resto de seres vivos.

8. Conoce la lucha entre el bien y el mal presente siempre en todo ser humano que lo acerca o lo aleja del Bien absoluto, que es Dios mismo.

9. En la historia de la humanidad, las propuestas de Jesucristo son las que han marcado un antes y un después dando sentido al hambre de eternidad.

POSTULADOS DE ESPERANZA: RETOS PERSONALES, FAMILIARES Y SOCIALES

Al inicio de esta obra, nuestra meta se fijó en ser capaces de identificar, en el s. XXI, los planteamientos y actitudes más extendidas y generalizadas en cuanto a las cuestiones sobre la vida humana en las sociedades occidentales de tradición judeocristiana, que están siendo objeto de una profunda y paulatina transformación en las últimas décadas.

Ciertamente, aunque de la N.E., en su conjunto, no se deriva una fundamentación bioética benefactora para el ser humano, hemos descubierto algunos aspectos válidos que podrían desarrollarse e, incluso, servir de puente en futuros diálogos, como son:

- La vertiente positiva del ecofeminismo que recupera, en parte, la ética del cuidado y el respeto por la naturaleza femenina.
- La necesidad de búsqueda del misterio en contraposición al materialismo y al consumismo.
- La recuperación de la creencia en la existencia de Lucifer, aun cuando se hace de la mano de los grupos satánicos.
- La exhortación al cuidado de la naturaleza frente a la explotación ilimitada.

- La divulgación de una cierta dimensión de fraternidad universal.

En nuestra investigación hemos podido constatar que la ideología de la N.E. se encuentra en un proceso histórico abierto, por lo que es muy importante adquirir criterios de discernimiento claros ante ella para ser libres frente a su influencia y manipulación.

Además, ante todos aquellos que, en principio, desconozcan la ideología de la N.E., vale la pena crear una opinión fundada en la verdad, recta y atractiva, que irradie la defensa de:

1. La importancia del matrimonio, de los hijos y, en definitiva, de la familia; la admiración por los padres y ancianos; el estímulo del esfuerzo y la búsqueda de la excelencia; el compromiso con los necesitados.

2. El desarrollo integral de la persona a través de la educación de modo que, desde la más tierna edad hasta el final de la vida, exista una búsqueda y encuentro con el sentido transcendente y, para los que poseen el don de la fe, un encuentro con el Dios persona, como camino y término de la madurez.

3. Para lo cual es imprescindible la defensa de cada vida humana desde todos los ángulos, periodistas, políticos, maestros, educadores, legisladores, profesionales de la salud, empresarios y, en fin, ciudadanos comprometidos con la defensa de la persona y su dignidad en todas las profesiones y áreas del entramado socioeconómico que actúen con valentía y promuevan todo cuanto sea necesario para protegerla, con palabras y con obras visibles y concretas.

4. Pensamos también que el debate bioético, los datos científicos sobre los temas que lo requieren y la clarificación de lo que es la vida humana sean llevados de modo asequible a las personas más allá de los círculos intelectuales, es decir, crear campos de opinión en las redes sociales y en grupos de toda índole…

En definitiva, quisiéramos que estas páginas lograran despertar en el lector una esperanza inquebrantable en cada persona, que es única e irrepetible, con una irrevocable dignidad capaz en principio, si se le ayuda en su libertad, de actos heroicos por amor. Confiamos en una nueva generación verdaderamente despierta, con capacidad de discernimiento, serena y firme en sus planteamientos, dialogante y sin miedos a los obstáculos que siempre existen, que apueste y luche por la vida sin restricciones.

Por último, desearíamos dejar constancia del inmenso agradecimiento que profesamos a la cultura judeocristiana en la que hemos crecido, conscientes del amor por la vida que de ella hemos recibido.

Bibliografía

A. Obras de carácter divulgativo de la ideología de la N.E.

Bailey, A. *El discipulado en la Nueva Era*, Sirio, Málaga, 1997.

Bailey, A. *Iniciación humana y solar*, Sirio, Málaga, 1997.

Bailey, A. *La reaparición de Cristo (El retorno de Cristo)*, Sirio S.A., Málaga, 1998.

Bailey, F. *The Spirit of Masonry*, Lucis Publishing Co, New York, 1957.

Belsurrazi, H.O. *Masonería. Su origen y desarrollo actual*, Tres puntos editores, edición digital para el Perú, 2012.

Benkovic, J. *The New Age Counterfeit: A Study Guide for Individual of Group Use*, Faith Pub Co., Canadá, 1997.

Blavatsky, H. *Isis sin velo*, Eleven, Biblioteca del Nuevo Tiempo, Rosario, Argentina, 2003.

Blavatsky, H. *La Doctrina Secreta*, Kier, Buenos Aires, 1986.

Coelho, P. *El Alquimista*, Planeta, Barcelona, 2003.

De Mello, A. *La oración de la rana*, Sal Terrae, Bilbao, 1988.

Epperson, R. *The New World Order*, Publius Press, Tucson, EE.UU., 1990.

Gordon Melton, J.; Clark, J. y Aidan, A. - *New Age Almanac*, Visible Ink Press, División de Gale Research, Inc. Detroit, EE.UU., 1991.

Dewall, B. y Sessions, G. *Deep Ecology*, Gib Smith Pub., Salt Lake City. 1985.

Guénon, R. *El Teosofismo, Vol. I*, 1987.

Hall, Manly P. *The Lost Keys of Freemasonry*, Macoy Publishing and Masonic Supply Co, Richmond, 1976.

Jonas, H. *The Gnostic Religion*, Beacon, Boston, 1963.

MacLaine, Sh. *Out on a limb*, Bantam Books, New York, 1983.

Martín, T. *La Jerarquía Celeste*, BAC, Madrid, 2002.

Morey, R.A. *The Origins and Teachings of Freemasonry*, Mass, Crowne Publications, Inc., Southbridge, 1990.

Mouravieff, B. *Gnosis Tomo III: Estudio y comentarios sobre la tradición esotérica de la ortodoxia oriental*, Frutos, 2010.

New Age Church of the Christ, *The Ascended Masters write The Book of Life*, Kings Park, Long Island, 1974.

Ouspensky, P. D. *Fragmentos de una enseñanza desconocida*, RCR, 2006.

Pike, A. *Morals and Dogma of the Ancient and Accepted Scottish Rite of Freemasonry*, Supreme Council of the Thirty-Third Degree for the Southern Jurisdiction of the U.S.A., Charleston, 1950.

Singer, P. «¿El Dios del sufrimiento?», El País, Madrid, 1/VI/2008.

Stein, D. *Essential Reiki*, The crossing press, Argentina, 1995.

Steiner, R. *Fifth Gospel*, Vol. I, Kindle Ed., 2015.

UNESCO, *Diez problemas prospectivos de población*.

B. Obras de carácter crítico y reflexivo ante la N.E.

Adorno, T. *Escritos sociológicos, volumen II*, Akal, Madrid, 2009.

Berzosa, R. *Nueva Era y Cristianismo*, BAC, Madrid, 1998.

Constance, E. *The Hidden Dangers of the Rainbow*, Huntington House, Inc. Shreveport-EE.UU., 1983.

Cruz, R.M. *Bioética en la Nueva Era*, TFM directora Gloria Mª Tomás y Garrido, UCAM, 2011.

De la Cierva, R. *El triple secreto de la Masonería. Orígenes, Constituciones y rituales masónicos vigentes nunca publicados en España*, Fénix, Madridejos, Toledo, 1994.

De la Cierva, R. *La Masonería invisible*, Fénix, Madrid, 2002.

Estulin, D. *El imperio invisible*, Del Bronce, Barcelona, 2011.

Faxneld, P. *Feminismo Satánico*, Sorgenfrei y Molin, Estocolmo, 2014.

Ferguson, M. *La Conspiración de Acuario, transformaciones personales y sociales en este fin de siglo*, Kairós, Barcelona, 1985. (Edic. en inglés: *The Aquarian Conspiracy*, Los Angeles, Tarcher, 1980.)

Franck, B. *Diccionario de la Nueva Era*, Estella, 1994.

Guerra, M. *Diccionario Enciclopédico de las Sectas*. Biblioteca de Autores Cristianos, Madrid, 2001.

Guerra, M. *Masonería, religión y política*, Sekotia, Madrid, 2013.

Joseph, M. *Encontré a Cristo en el Corán*, Libroslibres, Alcobendas, Madrid, 2013.

Juan Pablo II, discurso en el Simposio científico internacional sobre Fe cristiana y teoría de la evolución, 26 de abril de 1985.

Juan Pablo II, Mensaje a los miembros de la Academia Pontificia de Ciencias, 22 de octubre de 1996.

Karina, L. y Kant, M., *Hitler's dancers: German modern dance and the III Reich*, Berghan Books, New York, 2003.

Lesta-Pedrero, *Claves Ocultas del Poder Mundial*, Edaf S.A., Madrid, 2006.

Lizondo, J. *El Lado Oscuro de las Sectas*, Ultramar, Madrid, 1995.

Marcos, A. *La Bioética: un compromiso existencial y científico. II Bioética y entramado social*, editora Gloria Mª Tomás y Garrido. UCAM, 2005.

Martin, C. *Lo verdadero y lo falso en religión*, Mandala ediciones, Madrid, 1991.

Neumann, A. «Le courantchaud de l'école de Frankfort», revista *Variations,* Nº 12, (2006), París.

Roper, T. *Conversaciones privadas con Hitler,* Plaza, Barcelona, 2004.

Pivel, J.L. *Conozca la cara oculta de la Nueva Era*, AMS, Bogotá, 2007.

Sagrada Congregación para la Doctrina de la Fe. «Declaración sobre las Asociaciones Masónicas, Quaesitumest» 26/11/1983.

Sampedro, J.L. *El mercado y la globalización*, Destino, Barcelona, 2010.

Benedicto XVI, *Una mirada a Europa*, Rialp. Madrid, 1993.

Tomás y Garrido, G. M., *Cuestiones actuales de Bioética*, Eunsa, Pamplona, 2011.

Tomás y Garrido, G.M., *La Bioética: un compromiso existencial y científico I. Fundamentos y reflexiones,* UCAM, Murcia, 2005.

Tomás y Garrido, G.M., *La Bioética: un compromiso existencial y científico II. Bioética y entramado social,* UCAM, Murcia, 2005.

Tomás y Garrido, G.M., *La Bioética: un compromiso existencial y científico III. La Bioética en ámbitos específicos,* UCAM, Murcia, 2006.

Van den Aarweg, G. *Homosexualidad y Esperanza,* Eunsa, Pamplona, 1997.

Vázquez Borau, J.L. *Los Nuevos Movimientos Religiosos,* San Pablo, Madrid, 2004.

Vidal, C. *Los orígenes* de *la Nueva Era,* Grupo Nelson, Nashville, 2009.

Vidal de Tenreiro, I. *Alerta, Nueva Era,* Florida Center for Peace, Miami, 1995.

Vidal de Tenreiro, I., *Alerta frente a la Santería.* Florida Center for Peace, Miami, 2010.